Alfred Stern

Über die zwölf Artikel der Bauern

aus dem Jahre 1525

Alfred Stern

Über die zwölf Artikel der Bauern
aus dem Jahre 1525

ISBN/EAN: 9783743301146

Hergestellt in Europa, USA, Kanada, Australien, Japan

Cover: Foto ©ninafisch / pixelio.de

Manufactured and distributed by brebook publishing software (www.brebook.com)

Alfred Stern

Über die zwölf Artikel der Bauern

Ueber

die zwölf Artikel der Bauern

aus dem Jahre 1525.

(Erster Theil.)

Abhandlung

zur

Erlangung der philosophischen Doctorwürde

bei der

Georg-August-Universität zu Göttingen

von

Alfred Stern

aus Göttingen.

Druck von Breitkopf und Härtel in Leipzig

1868.

I.

Einleitung. Erfolg der zwölf Artikel.

Wiederholt zeigt uns die Geschichte, daß, sowie eine großartige und plötzliche Bewegung der Massen eintritt, alsbald auch aus ihrer Mitte ein Zeichen auftaucht, um das sich, wie mit einem Schlage, aller Häupter schaaren, nach dessen Erscheinen zuerst eine gewisse Einheit in das bis dahin ungeordnete Drängen und Treiben kommt; für die Männer der Bewegung selbst ein Symbol der Erkennung, für die Außenwelt eine Erklärung über Plan und Ziel der plötzlichen Strömung. — Und dies nicht stets auf gleiche Weise: bald ein allegorisches Bild, bald ein energisches Lied, bald ein klares, sei es in einem Stichwort zusammengefaßtes, sei es länger ausgeführtes Programm. Für die europäischen Völker des 11. und 12. Jahrhunderts das rothe Kreuz, für die Heere der französischen Revolution die Marseillaise, für die aufständischen Bauern im Jahre 1525 die „Zwölf Artikel".

In der That fand dies merkwürdige Manifest bei den Schaaren der aufgestandenen Bauern einen so glänzenden und allgemeinen Beifall, wie keines der vielen ihm ähnlichen Aktenstücke, die uns aus dieser Zeit erhalten sind, ja, man wird es behaupten dürfen, wie ihn überhaupt wenig Erzeugnisse des menschlichen Geistes bei dem Publikum, auf das sie berechnet gewesen, gefunden haben mögen.

Ehe wir die ersten Spuren der veröffentlichten zwölf Artikel entdecken können, haben wohl fast in jedem Dorf, fast bei jedem Haufen, selten über einen engen Bezirk hinaus, auch schon Artikel gegolten, ihrem Inhalt nach den zwölf mehr oder minder ähnlich, 16 bei den Unterthanen der Grafen von Fürstenberg und Lupfen[1]), 12 im Sommer 1524 im Thüringischen

---

[1]) Zimmermann, Geschichte des großen Bauernkrieges. Stuttgart, Rieger. 2. Aufl. 1856. 1, S. 252. Walchner, Geschichte d. Stadt Radolphzell. Freiburg i. B., Wangler 1825. S. 94.

Mühlhausen¹), andre bei den Bauern von Kaufbeuren²) u. s. w. Aber es ist merkwürdig zu sehen, daß, sobald die zwölf Artikel bekannt werden, neben ihnen alle andern verschwinden und es werden sich nicht allzu viele Beispiele aufzählen lassen, nach denen, den zwölf Artikeln zum Trotz, die Bauern ihre Forderungen nicht in dieser, sondern einer andern Fassung vorgebracht haben.³) Im Ganzen und Großen bietet sich uns hinsichtlich der Verbreitung der zwölf Artikel das merkwürdigste Schauspiel.

In dieser Zeit, deren Verkehrsanstalten uns höchst ungenügend erscheinen müssen, in der die Ausbildung und Kenntnis der Buchdruckerkunst immerhin noch auf einer niedern Stufe stand, breitete sich dieses Manifest in unzähligen Abschriften, Drucken und Nachdrucken vom südwestlichen Deutschland her über fast alle deutschen Gaue, ja über die angrenzenden Provinzen fremder Länder mit Windeseile aus, und man wird vielleicht wenige unsrer größeren Bibliotheken und Archive finden, in denen sich nicht einer oder mehrere dieser plumpen oft zerrissenen Nachdrucke oder eine Abschrift von gleichzeitiger Hand verbirgt.⁴) — In Schwaben, in Franken⁵), in Thüringen⁶), im Breisgau⁷), im Elsaß, in Lothringen⁸), ja im fernen Liefland und Esthland⁹) überall beinahe, wo nur ein Funke des Aufruhrs glimmt, begegnen wir auch den zwölf Artikeln, und ähnlich wie gewisse Rechtsbücher, wie z. B. der Sachsenspiegel im nörd-

---

1) Zimmermann, I, S. 195.
2) Zimmermann, I, S. 293.
3) Ein Beispiel der Art bieten die Artikel der Salzburger Bauern, Zimmermann II, 236. Die Artikel der Rheingauer Bauern, Zimmermann II, 84 (nach Schunk, Beiträge z. Mainz. Gesch. I, 174—236. Bodmann, Rheing. Alterth. 465. 6. 16. 32. 188.) u. s. w. Auch gehören hierhin die 12 Artikel von Elsäßer Bauern, deren Inhalt uns in der Chronik des Eckard Wiegersheim erhalten ist (s. Stöber: Alsatia 1856—57, S. 342). Zimmermanns Vermuthungen über den Zusammenhang dieser Artikel mit den berühmten 12 sind, zumal uns der Wortlaut der ersten nicht vorliegt, unhaltbar (3. II, S. 105 ff.). Die Münzerschen Worte, auf die er sich stützt, sollen noch unten Absch. 7 gewürdigt werden.
4) Auch in die Hände von Privaten sind sie wohl abschriftlich gekommen. So schreibt der Ulmer Arzt Wolfgang Rychard an seinen Sohn Zeno (s. über d. Briefwechsel unten Absch. 6) „Maximus est apud nos tumultus rusticorum . . . . Rusticorum placita et te mitto quae legas et bonis amiculis ostende". Unter den placita werden wohl die 12 Artikel verstanden werden müssen.
5) Oechsle, Beiträge z. Geschichte des Bauernkrieges in den schwäbisch-fränkischen Grenzlanden. Heilbronn, Drechsler 1830. S. 77. Bensen, Gesch. d. Bauernkriegs in Ostfranken. Erlangen 1840. S. 66 u. f. w.
6) Förstemann, Neues Urkundenbuch z. Geschichte der evangelischen Kirchenreformation. Hamburg 1842. I, 277 u. s. w.
7) H. Schreiber, Der deutsche Bauernkrieg, Jahr 1525. (Freiburger Urkundenbuch, Neue Folge.) Freiburg, Wangler 1864. CLXXXXVIIᵃ.
8) Documents sur l'histoire Lorraine VI p. 4 etc.
9) Chr. Rein, Beiträge z. Gesch. d. Reform. in Reval u. Esthland. Einladungsschrift des Revalschen Gymnas. v. 1830.

lichen Deutschland, feiern diese wenigen Sätze, überall mit Begeisterung aufgenommen, oft genug schon vorher ersehnt, von Hand zu Hand, von Haufen zu Haufen getragen, im Zeitraum weniger Monate einen wahren Triumphzug durch einen Theil Europas. — Ihre Reception geschieht nicht stets auf gleiche Weise. Oft verdrängen sie bis dahin als Programm dienende lokale Forderungen gänzlich, und dies wird, wie schon bemerkt, meistens der Fall gewesen sein, oft werden sie diesen nur angehängt und mit ihnen zusammen von den Haufen proklamirt¹), oft auch finden sie ein ganz freies Feld und dienen erst dazu den Aufstand zu entzünden, immerhin aber wird man, wenn von irgend einem Parteiprogramm, so von ihnen vor allem behaupten können, daß sie erst dem Stoffe der Bewegung einen überall gleichen Geist eingeflößt haben und eine Einheit schufen, wo vorher nur schwankende und ungleiche Wünsche sich Luft gemacht hatten. Nicht ohne Grund führt Sleidan auf sie den ganzen Krieg zum Haupttheil zurück²), aber ebenso gut muß erwähnt werden, daß sie gerade oft genug die Grundlage so manchen, wenn auch nur vorübergehenden Uebereinkommens, seltner des für die ganze Zukunft zu schließenden Friedens gebildet haben. ³)

II.

Gründe des Erfolgs: Inhalt der zwölf Artikel.

Man wird sich denken, daß die Frage oft genug aufgeworfen ist, wie es denn geschehen, daß gerade die zwölf Artikel jenen durchgreifenden und allgemeinen Erfolg gehabt haben, der im Vorigen kurz zu schildern versucht ist, und wodurch sie sich von der großen Zahl ihrer Gefährten so sehr

---

1) Ein interessantes Beispiel dieser Art bietet Urk. 3 bei Oechsle a. a. O. S. 258. Die Beschwerde der hohenlohischen Bauern: .... „Zum ersten wie die Zwolff artidel Im drudten büchlin begriffen sein ꝛc." Dann folgen ihre ursprünglichen Forderungen und am Schluß heißt es: „Nota hauptrecht und handtlons, wie dan Im gedrudten buchlin stat. Desgleichen der leybaigenschafft und wildbretts halben."

2) Lib. IV, p. 256 (ich citire immer die Ausgabe Boehm — von am Ende) „Et hoc ipso tempore (bald nach der Gefangennahme Franz I.) fuerunt evulgata quaedam ipsorum postulata numero vel XII . . . . ea mox aliis communicata, passim novos incendebant motus."

3) Beispielshalber bei dem Vertrag zwischen den Bauern mit Straßburg und Philipp von Baden, 25. Mai. Strobel, Beiträge z. Liter. d. 16. Jahrh. II, 1 S. 43. Zimmermann II, S. 140 bei Versprechungen der Amtleute zu Salzungen und anderer von Abel, den Bauern gemacht. Förstemann, Neues Urk.-B. I, 266 und in

auszeichnen, um im Stande gewesen zu sein, sie alle zu besiegen.¹) Wenn ich die hiefür vorzubringenden Gründe noch ein Mal zusammenstelle, so geschieht es auch deshalb, weil sich daran am besten eine Charakteristik des Inhalts und eine Betrachtung über das Verhältniß der 12 Art. zu ihren Vorgängern anreihen läßt. — Denn dies ist das erste, was ihnen vor ähnlichen früheren Aktenstücken einen Vorzug giebt, daß sie zwar, was diese an stets wiederkehrenden Forderungen enthalten, in sich aufgenommen haben, zugleich aber hocherwünschte andere brachten, ja an die Spitze stellten, die man in irgend einer bäurischen Beschwerdeschrift der früheren Zeit vergeblich sucht. Die schon bekannten Forderungen sind zum Theil sehr alten Datums, wie denn Ranke ihr Dasein schon für das Jahr 997 nachweist, es sind: Freigebung der Jagd auf Wildpret, Geflügel, Fische in fließendem Wasser²), Abstellung des Wildschadens (A. 4.), Freiheit der Holzung (A. 5.). Nicht gleich alt, aber doch den zwölf Artikeln nicht eigenthümlich sind gewisse andere Forderungen, welche schon die mannichfachen Vorboten des großen Bauernkrieges, jene hier und dort auftauchenden, meist rasch unterdrückten Aufstandsversuche in größerer oder geringerer Schärfe aufweisen. Dies sind: Abstellung neuer gegen das Herkommen eingeführter Dienste (A. 6.) solcher und anderer herrschaftlicher Begehrden, die dem Leihvertrage zuwider sind (A. 7.), Erleichterung der durch Gülten überschwerten Güter (A. 8.), Rückkehr zu dem alten Recht (A. 9.), Rückgabe eingezogener Gemeindegüter (A. 10.), Abschaffung des Todfalls (A. 11.).

Aber eine dritte Klasse von Beschwerden tritt uns in den zwölf Artikeln zum ersten Mal mit solcher Bestimmtheit und Ausführlichkeit entgegen: Es sind die, welche einen Zusammenhang haben mit der Lehre der Reformatoren, sei es unmittelbar, von den Wittenbergern selbst gebilligt, sei es als erst von bäurischer Seite gezogene Konsequenz, gegen die Luther und die Seinigen sich selbst sträuben zu müssen glaubten.

zahlreichen andern Fällen, von denen ich nur für einige auf Zimmermann verweisen will. So I, 491. II, 69. II, 189. II, 283. II, 329 u. f. w. Es ist bekannt, daß die Hauptleute des Odenwälder Haufens von Amorbach aus am 5. Mai 1524 eine Declaration der 12 Artikel erließen, durch welche diese bedeutend gemildert und die gütlichen Unterhandlungen erleichtert wurden. Diese Declaration findet sich u. a. abgedruckt in Oechsle, S. 272. Bensen, S. 526.
1) S. bef. Ranke, Deutsche Geschichte im Zeitalter der Reformation. 4. Aufl. II, 134.
2) Ich will die Aehnlichkeit dieser Worte im Art. 4 mit einem Satz der mittelalterlichen Rechtsbücher nicht unerwähnt lassen:

Der Art. 4 in Nr. A. (s. Anhang) sagt:	Schwabenspiegel ed. Wackernagel 187 (cf. Sachsenp. Homeyer I, 2 A 61 §. 1.)
Wan als Got der Herr den menschen erschuff, hat er im gewalt geben über den vogel im lufft und über den fisch im wasser."	„Dô got den menschen geschuof, dô gap er im gewalt über vische unde über vogel unde über wildiu tier."

Beides stammt aus Genesis I, 1 v. 28.

Gleich in der Einleitung der Artikel eine Apologie des „neuen Evangeliums", deren Stellung in einer Beschwerdeschrift der Bauern man gar nicht begreifen würde, wüßte man nicht, in wie engem Zusammenhang dies „neue Evangelium" mit ihren Wünschen von den Bauern gebracht worden. Dann weiter: Bitte, daß jeder Gemeinde die Wahl ihres Pfarrers überlassen bleibe, welcher „das Evangelium lauter und klar predigen soll", und daß ihr ebenso das Recht zustehen solle, ihn zu entsetzen, wenn er sich „ungebührlich hielte", die Behauptung, daß „wir allein durch den wahren Glauben zu Gott kommen mögen und allein durch seine Barmherzigkeit selig müssen werden" (A. 1.), alles dies Gedanken ganz im Lutherischen Geist, ja fast seine eigenen Worte.[1] Weiter: Die Erklärung, den kleinen Zehnten fortan nicht mehr geben zu wollen[2] (A. 2.), Forderung die Leibeigenschaft aufzuheben (A. 3.): dies Sätze, von denen oft genug dargethan ist, daß sie erst die anklingenden Worte Luthers zu solcher Schärfe in den Gemüthern der unteren Volksklassen zugespitzt haben.[3] Dazu endlich das ängstliche Bestreben, womöglich jeden Satz mit einer

---

[1] Vgl. Richter, Geschichte der Evangel. Kirchenverfassung in Deutschland. S. 25 vgl. S. 15. 16 daselbst.

[2] Hier finde ich fast dieselben Worte des Artikels in: (Eberlins) Eyn nye unbedath leste uthscrybent der zo bunt genaten J. E. M. W. wes bllbich betybt nalet sid wittemberch M.D.xxiij.

[3] Eichhorn, Deutsche Staats- und Rechtsgeschichte, §. 485 Anm. b. Zimmermann II, 380. Oechsle, 44. J. v. Arx, Gesch. d. Cantons St. Gallen. St. Gallen 1811, II, 491 ff.. Zwar finden sich diese Forderungen auch schon vor den 12 Artikeln, doch getrennt und nicht so scharf. Jener erste Artikel aber ist den 12 originell und er ist gerade am bezeichnendsten, s. b. Aufzählung b. Cornelius, Studien z. Gesch. des Bauernkrieges. 174 Anm. in d. Abh. der bair. Akademie Cl. III, Bd. 9. Abth. 1. Es kann nicht unerwähnt bleiben, daß in einem Flugblatt aus dem Jahre 1524 der Gedanke deutlich hervortritt, daß der Gemeinde das Recht zustehen müsse, ihren Pfarrer zu wählen und wenn er sich nicht im evangelischen Sinne halte, zu entsetzen. Es sind zwei Anreden des Dorfmeisters und der Gemeinde von Wendelstein bei Schwabach an die Amtleute des Markgrafen von Brandenburg-Onolzbach und den von ihm den Wendelsteinern bestellten Pfarrer, abgedruckt bei Rieberer, Nachrichten z. Kirchen-, Gelehrten- u. Büchergeschichte II, S. 333—346; hier wird deutlich gesagt, ursprünglich habe die christliche Gemeinde das Recht gehabt, „einhellig in sich in die Gemain zugreyffen, Nach einem Erbarn unverleumbten Man, der inen das wort gotes nach der warhayt schneyde .... Welchen auch dieselbig Gemain macht hat, wiederumb abzuschaffen, und ein andern an sein stat aufzustellen". Indessen wolle man sich dieses durch den „Widerchrist" entzogenen Rechts zu Gunsten des Markgrafen begeben, auf seine Einsicht vertrauend. Dem Prediger selbst wird unverblümt gesagt, „man werde sich ihn nicht gefallen lassen, wenn er das „Widerspiel halte", sich „für einen Herrn fürgebe" u. s. w. Datirt sind diese Anreden vom Mittwoch nach Galli (19. Okt.) 1524, nicht aber, wie Richter a. a. O. S. 22 meint von 1542, sodaß der Verdacht der Unächtheit wegfällt, den er Rieberers Bemerkungen mißverstehend ausspricht. Ein direkter Zusammenhang der 12 Art. mit diesem Aktenstück ist nicht anzunehmen. Die Wendelsteiner Bauern sind auch keineswegs im Aufstand und diese ihre Anreden mit „Artikeln" aufrührischer Bauern nicht zu vergleichen. s. auch den 21. Artikel aus den 30 dem „Gespräch biechlin neüw Karsthans" angehängten Artikeln abgedr. b. Bensen S. 512 ff. Münzers Gedanken üb. diesen Punkt s. u. Absch. 14.

entsprechenden Bibelstelle zu belegen, ja das Erbieten eine Forderung zurückzuziehen, wenn sie „mit dem Wort Gottes als unziemlich nachgewiesen werde" (A. 12, Beschluß) oder „sie aus dem Evangelium anders berichtet würden" (A. 3.) und der Vorbehalt etwa vergessener Artikel, „wenn solche mit der warheyt sich in der schrifft erfänden" (A. 12. = Beschluß).

Welche Veränderung und nach wie kurzer Zeit im Vergleich zu den vorangegangenen bäurischen Artikeln! 1) Der erste Artikel des Bundschuhs zu Lehen 1513 lautet: „Den allerheiligsten Vater, den Pabst, und den allergnädigsten Herrn den Kaiser und vorab Gott, sonst keinen Herrn anzuerkennen." 2) Und jetzt sind Pabst und Kaiser verschwunden, nur Gott und das „Wort Gottes" geblieben, aber andere neue Forderungen aufgetaucht, die dem Pabst wie dem Kaiser gleich sehr mißfallen mußten. 3)

Daß dieser Fortschritt der zwölf Artikel über die früheren hinaus, dies Betonen auch der religiösen Forderungen neben den weltlichen, diese in die Augen springende Neigung zu Grundsätzen der neuen Lehre bedeutenden, ja vielleicht den größten Antheil an ihrem ungeheuren Erfolg hatte, wird man zugeben müssen. Es kann hier nicht der Ort sein zu schildern, wie sehr schon vor 1525 durch die Schriften der Reformatoren, durch die mustergültigen Flugblätter, an denen diese Zeit so reich ist, namentlich aber durch die beweglichen Schaaren wandernder Prädikanten die Wittembergischen Lehren beim gemeinen Mann auch des südlichen Deutschland ausgestreut worden, und feste Wurzel gefaßt hatten, genug, daß die Worte: „Christliche Freiheit", „das Evangelium", „das Göttliche Recht" Schlagworte wurden, an die sich die Hoffnungen des gedrückten Volkes anknüpften, und daß sich der Bauersmann gewöhnt hatte, Luther nicht allein als den Befreier vom geistlichen, sondern auch vom weltlichen Joch zu denken. 4) Man wird sagen dürfen, daß nur offener Anschluß an die Hauptsätze der neuen Lehre einem bäurischen Manifest einen wahrhaft allgemeinen Charakter geben konnte, und daß es, wenn es unbewußt geschah, nur ein Ausdruck der herrschenden Richtung, wenn bewußt, ein kluger und wohlberechneter Gedanke war, den Aufstand von vorn herein auch als einen evangelischen zu stempeln.

---

1) S. auch Vierordt, Geschichte der evangel. Kirche in Baden 1847. I, 220.
2) Schreiber, Der Bundschuh zu Lehen und d. arme Konrad zu Bühl. Freiburg i. B. 1824. S. 13. Beilage 2. 6. 16. 17.
3) Charakteristisch genug sagt das Exemplar B' (s. d. Anhang) „bawerschafft, die sich allenthalben zusammengerottet, vonn wegen der warheit beystand zu thun".
4) Ich verweise besonders auf Jörg, Deutschland in der Revolutionsperiode v. 1522—26. Freiburg i. B., Herder 1851. S. 246 ff. Hagen, Deutschlands literar. u. relig. Verhältnisse im Reformat.-Zeitalter II, S. 158 ff. 176 ff.

Dazu kommt zweitens ein anderer höchst auffallender Unterschied der zwölf Artikel von allen früheren. Vor ihrem Erscheinen kennt man Artikel der Stühlinger Bauern, der Kemptener Bauern, „aller Bauerschafft der Herrschaft Hohenlohe Jn Oringer Ampt zu Oringen"[1], kurz Artikel, deren Geltungskreis sich so eng wie möglich lokalisirt, als Artikel der gesammten Bauerschaft ohne Angabe eines Orts führen sich erst die zwölf ein. Die Bezeichnungen, die sie sich selbst in ihren Titeln geben, weichen auch noch mehrfach von einander ab, aber in diesem einen Punkt stimmen sie alle überein. Eine kurze Zusammenstellung mag dies veranschaulichen[2]: Die meisten Ausgaben sagen:

„Die grundtlichen und rechten haupt=Artikel aller Bauerschafft und Hynderseßen der Gehstlichen und Weltlichen oberkehten".[3]

Andere: „Beschwerung und freuntlich begeren mit angehefftem Christlichem erbieten der gantzen Bauerschafft So itzund versamlet".[4]

A': „Vermerkt hernach die Artikel, so die Bauerschaft und Hintersaß Geistlicher und Weltlicher für Beschwernuß haben" ꝛc.

B'C': „Artikel so ietzund vorgewendt von der gemeynen bauwerschafft, die sich allenthalben zusammengerottet" ꝛc.[5]

So sieht man war der officielle Titel dieser Artikel jedem Bauernhaufen, er mochte sich zusammengerottet haben, wo er wollte, von vorn herein mundgerecht, konnte sogar über die deutschen Grenzen hinaus Geltung erlangen, — denn selbst den Namen einer Nation hatte man zu nennen vermieden, — und faßte alle Standesgenossen wie in einem großen Bunde zusammen. — Ein drittes Moment, dessen Bedeutung für ein allgemeines Parteiprogramm Niemand unterschätzen wird, ist die Sprache. Und diese in der That kann zu dem Zweck der Artikel kaum besser gedacht werden. Kurz, wie es den Massen genehm zu sein pflegt, und ohne sonderlichen rhetorischen Schmuck, aber mit Wärme und Bestimmtheit, wie es Jahrhundert lange Leiden erforderten, und doch zugleich ohne excentrisches, ungestümes Pathos, so daß etwa schon die Worte die „Oberkeyten" hätten abschrecken können.

Will man auch das noch zu den Gründen der allgemeinen Annahme der zwölf Artikel herbeiziehen, daß sie und sie allein von allen ihres Glei-

---

[1] Oechsle, Beilage 3 S. 256.
[2] Der Kürze wegen bezeichne ich die einzelnen Exemplare der 12 A. mit den Buchstaben, die ich ihnen bei der Aufzählung im Anhang gebe.
[3] A—W. (A B (?) und C (?) haben nur „der Geistlichen Ob.")
[4] X Y. Z.
[5] Dies Exemplar verdanke ich durch Vermittlung des Herrn Dr. Reuß zu Straßburg der Güte des Herrn Professor Cunitz daselbst.

chen gedruckt worden, wie dies Zimmermann I p. 415 zu thun scheint, so heißt dies, genau betrachtet, eine petitio principii, denn man wird fragen, was hat veranlaßt, gerade diese zu drucken, da man eine so reiche Auswahl hatte, gerade sie zum allgemeinen Panier zu machen, und wird dabei, wenn sich nicht noch andere Gründe verbergen sollten, auf die genannten drei zurückkommen. Das freilich ist klar, daß einmal gedruckt und in einiger Anzahl unter die Masse ausgeworfen, den Artikeln schon von Anfang an ein gewisser Schein der Autorität anhaften mußte, der ihrer Verbreitung nicht anders als förderlich sein konnte.

Dies sind die Gründe, die sich selbst bei flüchtiger Betrachtung zusammenstellen lassen, um den allgemeinen Erfolg der zwölf Artikel zu erklären. — Ich gestehe, daß, so schwer auch jeder einzelne und sie alle zusammen wiegen mögen, sie mir allein doch nicht für jene Erklärung zu genügen scheinen. Einerseits war die Konkurrenz ähnlicher Aktenstücke bei jedem Haufen beinahe zu groß, andrerseits liegt aber in jener Vereinigung des Evangelischen mit dem Universellen, verbunden mit einer überaus zweckentsprechenden Sprache, dazu dem Gedanken, die Schrift durch den Druck zu ersetzen, etwas zu Planmäßiges, Bewußtes, Politisches, als daß sich nicht der Gedanke aufdrängte, den still wirkenden Einfluß eines oder mehrerer hellblickender Köpfe und das geheime Spiel eines wohl überlegten Planes aufzusuchen, wo man sich nur zu leicht genügen läßt, ein bloß zufälliges Zusammentreffen zu finden, ein Gedanke, den der Lauf der Untersuchung vielleicht im Stande sein wird zu befestigen.

III.

Bestandtheile der zwölf Artikel: Eigene Angabe über ihre Entstehung.

Bisher sind die zwölf Artikel lediglich an sich betrachtet worden, als das, wie sie fertig vor uns liegen: eine kurze, aber bündige Zusammenfassung der bäurischen Forderungen, die sich wesentlich nach Außen wendet an die Adresse der weltlichen und geistlichen Obrigkeiten, ohne daß nach dem Ursprung dieser Urkunde gefragt worden wäre. Zugleich aber sind sie bisher, — und dies war für den Zweck der vorigen Betrachtung genügend, ja nothwendig, — auf Treu und Glauben in der landläufigen und zugleich ausführlichsten Gestalt angenommen, ohne daß erwiesen worden wäre, dies sei auch die ursprüngliche. Das Objekt der Betrachtung soll jetzt vergrößert werden. Ich will versuchen, die Fragen nach dem Verfasser (oder den Verfassern), dem Ort und der Zeit der Entstehung, dem Ort und der Zeit des Druckes, kurz nach der ganzen äußeren Entstehungsgeschichte dieses Manifestes zu beantworten. Zu dem Ende wende ich mich zunächst, — einmal ganz absehend von zeitgenössischen Nachrichten und späteren Angaben, — an die Artikel selbst, ob sie nicht, wo nicht Aufschluß so doch einige Winke über ihre Herkunft geben mögen, ein Weg, der zugleich geeignet ist zur Beantwortung der Frage zu führen, ob sie als ein Ganzes entstanden sind oder nicht, und wie vorhin eine Kritik des Inhalts, so hier eine Kritik der Zusammensetzung der zwölf Artikel versuchen zu lassen. — Denn beide Fragen hängen eng zusammen. [1])

„Man fühlt es diesem merkwürdigen Manifeste an, daß es nicht aus einem Gusse"[2]), und in der That scheinen die vorliegenden Exemplare diese Bemerkung zu bestätigen. Da giebt es solche mit Marginalien und jener bekannten Einleitung[3]), solche ohne Marginalien, aber mit der Einleitung[4]) und endlich solche ohne beides.[5]) Daß in irgend einem der Schluß fehle ist mir nicht bekannt, auch ginge damit der charakteristische Name: „Zwölf Artikel" verloren, da eben der Schluß den zwölften bildet.[6])

Auf den ersten Blick könnte man geneigt sein hieraus auf drei Stufen der Entstehungsgeschichte zu schließen, indem man die einfachste Form für die zeitlich erste, die mit vorgesetzter Einleitung für eine spätere, und die mit dazugefügten Marginalien für die letzte halten könnte. Doch scheint mir diese Annahme nicht richtig zu sein, soweit sie sich auf die Marginalien bezieht. Ich kann nicht glauben, daß deren Fehlen oder Vorhandensein ein Kriterium für das höhere oder minder hohe Alter des betreffenden Exemplars abgeben soll. Es scheint mir unerweislich, daß z. B. D älter sein soll als F, um so weniger als in D noch „die Handlung und Instruktion" angehängt ist, welche dann nach derselben Logik auch in F nicht fehlen dürfte: unerweislich, daß D aus eben dem Grunde älter sei als A,

---

1) Dennoch will ich an dieser Stelle noch nicht über den Text hinausgehen, der wenn auch mit Abweichungen doch immer die 12 Artikel mit annähernd den gleichen Worten enthält. Ob dieses Schriftstück ein Original, oder selbst nur aus einem andern abgeleitet ist, wird sich später zeigen.
2) So Zimmermann, I, 414.
3) A B C E — X Z B' C'. Beim Schweigen von Strobel und Panzer darf man die Marginalien vermuthen.
4) D Y.
5) A' D'. Artikel ohne Einleitung aber mit Marginalien kenne ich nicht.
6) Dennoch nimmt man nach Jörg, 218 (vgl. auch Zimmermann, I, 414) gewöhnlich an, daß auch der Schluß von späterer Hand sei als das Uebrige, eine Behauptung, für die ich eine faktische Stütze nicht kenne.

da doch bekannt ist, daß sich die zwölf Artikel im Rotenburgischen und Hohenlohischen fast gleichzeitig verbreitet haben.¹)

Bedenkt man einerseits die Gewohnheit der Zeit, die man fast in allen Schriften dieser Periode bestätigt finden kann, sei ihr Inhalt, welcher er wolle, den Text mit Citaten aus beiden Testamenten zu schmücken, und aus diesen besteht der größte Theil der Randbemerkungen, und bedenkt man ferner die Eile, Unordentlichkeit, ja oft Heimlichkeit der Verschleppung der Artikel von einem Haufen zum andern, so wird man es weder auffallend finden, daß von Anfang an der Autor oder die Autoren das Schriftstück mit Citaten verziert haben, noch auch daran zweifeln, daß oft genug, um Zeit und Mühe zu sparen, dies verhältnißmäßig immerhin Unwesentliche oft verkürzt, oft auch ganz weggelassen worden. Dazu kommt, daß die Artikel selbst mehrfach auf die Bibel hinweisen²), und also diese Citate schon bei der ersten Abfassung als nöthig betrachtet werden mußten, worüber man sich freilich, wie schon bemerkt, in der Haft der spätern Zeit öfter hinweggesetzt hat. Auch Luther, dem die Bauern ihre Artikel zugesandt hatten, hält deren Verfasser und den „Schriftanzieher" entschieden für denselben. Denn er sagt³): „Und derjenige, so euer artikel gestellt hat ist kein frumm redlich Mann, denn er hat viel Kapitel der Schrift an den Rand gezeichnet, als da die Artikel sollent gegründet sein und behält doch den Brei im Maule" ꝛc.

Ebenso Melanchthon⁴): „Darumb hat der Artikelsteller hie die schrifft ubel anzogen."

So viel über die Marginalien. —

Von größerer Bedeutung scheint es mir zu sein, wenn in einigen Ausgaben neben den Marginalien auch noch die Einleitung fehlt. Diese trägt, wie man sofort sieht, einen von den zwölf Artikeln ganz verschiedenen Charakter. Die Artikel sind, wie das vollkommen angemessen war, ganz objektiv, in ihnen sprechen die Bauern selbst, der Verfasser, besser der, welcher sie aufgesetzt haben mag, tritt ganz zurück. Hier liest man: „Zum ersten ist unsere demütig bitt und beger" (A. 1) „Wir sind Willens", (A. 2) „Wir wollen frei sein" u. s. w. Ganz anders die Einleitung. Hier spricht in jeder Zeile der Autor, und seine subjektive Meinung, sein gleichsam breiter Lehrton herrscht überall vor der Sache vor.

---

1) Oechsle S. 77. 89.
2) Art. 1 a. E. Art. 3. Art. 6.
3) In seiner Ermahnung zum Frieden. Walch XVI. S. 80. Erlanger Ausg. B. 24. S. 277.
4) In seiner Confutatio Articulor. Rusticor. Corp. Ref. XX, p. 654. Walch XVI. S. 48.

Hier heißt es ganz im Gegensatz zu den Artikeln selbst: „alle Artikeln der Bauern", „die Bauern, die in ihren Artikeln" ꝛc. Außerdem setzt die Einleitung schon einige Dauer des Aufruhrs voraus, denn sie spricht von: „versammelter Bauerschafft", „zu Haufen laufen und sich rotten", während die Artikel selbst ganz im Anfang der Empörung, ja schon vor jedem thätlichen Ausbruch hätten aufgesetzt sein können, um so eher, je gemäßigter ihre Sprache ist.

Das Gesagte gewinnt an Bedeutung, wenn man bedenkt, daß von den zwei Exemplaren[1]), in denen diese Einleitung fehlt, A' und D', das erste, wie sich erst später näher wird zeigen lassen[2]), eines der ersten Exemplare der Artikel ist, die man überhaupt kennt, vielleicht das erste, (über D' läßt sich nichts sagen, da man nicht weiß, wann es Bullinger zugekommen), und so würde dieser Umstand vorzüglich mit der Konsequenz stimmen, die man aus dem Vorigen ziehen könnte, nämlich der, daß die Einleitung später aufgesetzt sei, als die Artikel niedergeschrieben worden, und von anderer Hand.[3])

So hätte die bloße Textkritik ein hypothetisches, wenn auch ziemlich ungenügendes Resultat auch über den äußeren Ursprung des bäurischen Programms ergeben: nämlich das, daß möglicherweise zwei Hände daran gearbeitet.

Was die übrigen Varianten der verschiedenen Exemplare betrifft, so glaube ich sie übergehen zu dürfen. Sie sind zwar, ganz abgesehen von Titel und Emblem, oft nicht unbedeutend[4]), doch wenn man bedenkt, wie stürmisch und hastig die Verbreitung vor sich ging[5]), wie ein schlechter Nachdruck noch schlechtere hervorrief, und wie zersetzt die Exemplare oft der Vervielfältigung zu Grunde gelegt sein werden, wird man für die Entstehungsgeschichte der Artikel kein sonderliches Gewicht darauf legen, wenn einmal die Worte verdreht, verändert, ausgefallen, ja wenn ganze Sätze verloren sind, und sich hüten auf so schlüpfrigen Grund Schlüsse zu bauen, wenn sie nicht etwa so nahe liegen, wie es bei der Einleitung

---

1) Es mag auch noch bemerkt werden, daß in der lateinischen Inhaltsangabe der Artikel, die Sleidan giebt (lib. V ed. Böhm. I, p. 284), der Einleitung gar nicht gedacht wird.
2) Ich verweise vorläufig auf Jörg, 182, wonach Zimmermann, I, S. 415 zu berichtigen ist.
3) Auch Bensen kommt zu dem Resultat, daß Einleitung und Text verschiedenen Ursprungs sind, wiewohl er kein Exemplar gekannt hat, in dem die Einleitung fehlt, S. 171. So sagt neuerdings Cornelius, Studien zur Geschichte des Bauernkrieges, S. 171, die Einleitung sei eine unverkennbar fremde Zuthat.
4) Namentlich zeigt B' große Abweichungen. So ist Art. 2 modificirt und von Art. 3 fehlt die Hälfte.
5) Ein Beispiel in Zimmermann, I, S. 482.

der Fall ist. Und doch ist auch dieser Schluß noch unsicher genug und kann nur im Zusammenhang mit dem Verlauf der Untersuchung an Gewicht gewinnen.

Was sich sonst von den Artikeln selbst über ihren Ursprung erfahren läßt, ist dürftig genug. Vergeblich sieht man sich in den Titeln nach einem Hinweis auf den Verfasser um. Sie halten sich fast immer kurz und bündig an die Sache, und nur in A, B, C tragen die folgenden dem Titel zugefügten Verse ein Gepräge an sich, das an die Worte und Schriften gewisser schwärmerischer Köpfe der Zeit, eines Münzer, eines Carlstadt u. A. erinnert:

"M. CCCC quadratum[1])
Lx et duplicatum
V cum transibit
Christiana secta peribit" etc.

Damit stimmt im Titel von B' und C': "1 Petri 4: Die Zeyt ist hie, das anfahet das gericht von dem hauß gottes". Doch führt von der Bahn dieser Vermuthungen wieder ab die Sprache der Artikel selbst[2]), welche ja höchst abgemessen und gemäßigt ist. Manche wollen eben daraus auf die Autorschaft eines jener wandernden Prädikanten schließen[3]), die in der That mehrfach ähnliche Artikel geliefert haben.[4]) Wieder andere glauben von vornherein den Verfasser unter den juristisch Gebildeten suchen zu müssen[5]), der vielen einschlagenden Rechtsverhältnisse wegen. Man sieht, daß sich auf diesem Wege Alles und Nichts finden läßt. — Ebenso unbefriedigend sind die Angaben der Artikel selbst über Zeit und Ort des Druckes.

N und O sagen: "Gedruckt zu Regensburg durch Paul Kohl" und in 1 und K glaubt Strobel Nürnberger Drucke zu erkennen[6]), Daten, mit denen uns wenig geholfen ist. Ein einziges Exemplar P: giebt den Monat an: "Anno 1525 des Monats Marcii", und dies ist doch wenigstens ein Anhaltepunkt. —

Es wird Zeit sein, die Nachrichten gleichzeitiger Quellen und die Urtheile der Nachwelt heranzuziehen. Um aber größere Klarheit in die Darstellung zu bringen, will ich die Frage nach dem Verfasser von allen übrigen einschlagenden Fragen trennen und sie zum Hauptthema machen.

---

1) Sollte eigentlich heißen: Cquadratum.
2) S. auch Bensen, 65.
3) So z. B. L. v. Baczko, Th. Münzer. Halle u. Leipzig 1812.
4) S. z. B. Zimmermann, I, 457.
5) Jörg 183.
6) Ebenso Weller in W.

Denn von ihrer Beantwortung wird die der andern mehr sekundären nothwendig abhängen müssen.

IV.
Christoph Schappeler.

Bei Untersuchung der Frage nach dem Verfasser der zwölf Artikel ist es ungefähr so zugegangen, wie bei der gleichen Frage in Hinsicht der Pseudo-Isidorischen Dekretalen. Wenn auch nicht gerade jeder Forscher eine neue Hypothese aufgestellt hat, so sind es deren doch eben genug, um sich schließlich, sollte sich nicht ein Vereinigungsweg finden lassen, gegenseitig aufzuheben, und wenn ich es wage, den schon genannten Namen einen neuen hinzuzufügen oder vielmehr entgegenzusetzen, so geschieht es, weil mir die Gründe für die ersten nicht stark genug, die aber für den letzten von auffallendem Gewicht erscheinen.

Demnach muß, denke ich, der erste Theil dieser Untersuchung, welcher die bisherigen Ansichten zusammenfaßt, nothwendig zu einem negativen Resultat führen, während der zweite, so hoffe ich, ein positives ergeben soll. Doch würde sich eine solche dürre Kompilation von schon oft Gesagtem wenig lohnen, wie manche Einzelheit man auch zur Ergänzung mag zufügen können, wäre man nicht im Stande, neben jenem verneinenden Ergebniß der Hauptsache doch gewisse mehr oder minder sichere Anzeichen zu bemerken, die das positive des zweiten Theils unterstützen und ergänzen können. Es mag nur a priori gesagt werden, — und ich bitte dies nicht aus dem Auge zu verlieren, — daß Mancher in engem Zusammenhang mit der Geschichte der zwölf Artikel stehen kann, der nicht gerade ihr Verfasser zu sein braucht, wenn man auch, fortgerissen von dem Streben, gerade diesen zu finden, ihn dazu hat stempeln wollen. —

Der erste, auf den ganz gleichzeitige Nachrichten und wenig spätere in auffälliger Uebereinstimmung hinweisen, ist Christoph Schappeler.[1]

---

[1] Ich verweise für Schappelers Leben auf J. G. Schelhorn, Amoenitates literariae VI, p. 305 ff. 326 ff. J. G. Schelhorn, Kurtze Reformations-Historie der kaiserlich freyen Reichsstadt Memmingen ꝛc. 1730 (nach den Archiven v. Memmingen).
Ch. Schorer, Memminger Chronik ꝛc. Ulm MDCLX (nach Privatchroniken).
Jetzt treten die Entdeckungen Eugen Rohlings hinzu, der auf Cornelius' Veranlassung das Memminger Archiv durchsucht hat.
Rohling, Die Reichsstadt Memmingen in der Zeit der evangelischen Volksbewegung. München 1864, S. 74 ff.
Cornelius, Studien z. Geschichte des Bauernkrieges, S. 145.

Schappeler, der sich selbst auch Sertorius nannte[1]), war aus St. Gallen gebürtig, kam aber schon früh als Prediger nach Memmingen. Hier war er es, der zuerst durch seine Predigten den Samen der Reformation ausstreute, was denn im Jahr 1523 bereits die Aufmerksamkeit des Bischofs von Augsburg auf die religiösen Veränderungen in Memmingen lenkte. Inzwischen begab sich Schappeler zu dem zweiten so berühmten Religionsgespräch nach Zürich, wo ihm zusammt mit Vadian und Seb. Hofmeister die Ehre des Vorsitzes zugedacht ward[2]) (26—28. Okt. 1523). Nach seiner Rückkehr setzte er in Memmingen seine reformatorischen Bestrebungen ernster fort, wenn auch mehr im Sinn der Schweizer als der Wittemberger.[3]) Dies steigert einerseits den Groll des Augsburger Bischofs, der ihn unter Androhung schwerer Strafe zur Verantwortung vorfordert, ja sogar in den Bann thut, andrerseits aber auch den Eifer der Bürgerschaft für die neue Lehre. Wie so oft kam es auch hier zu einem öffentlichen Religionsgespräch, in welchem Schappeler 7 Artikel aufstellte, denen er später 25 andere folgen ließ. Ich will nicht unerwähnt lassen, daß der 3. Artikel jener sieben lautete: „**Den Zehenden aus göttlichem Recht jetztund zu geben, wisse daß neue Testament und die Gesetze nicht zu sagen.**"[4])

So fand ihn der Bauernkrieg[5]), der gerade die Stadt Memmingen nicht am wenigsten berührt hat; nicht als ob es hier zu tumultuarischen Scenen der Zerstörung gekommen wäre, im Gegentheil die Stellung, welche die Stadt den Bauern gegenüber einnimmt, ist eine freundliche. Die For-

---

1) Sertorius ist die Latinisirung von Schappeler, Schappel bedeutet Kranz, sertum f. Kohling, S. 78 Anm. 2.
2) Zwinglis Werke ed. Schuler u. Schultheß I, S. 459 ff.
3) So sagt Schorer von Schappelers 25 Artikeln: „Rochen aber sehr nach der Kalvinischen Lehr, biß nach und nach ... das Liecht heller geschien und die Lehr des heiligen Evangeliums reiner geprediget worden." Vgl. Kohling, S. 116 ff.
4) Schelhorn: Ref.-Historie 64.
5) J. v. Arx, Geschichte des Cantons von St. Gallen II. 492, sagt, nach der Angabe des gleichzeitig. St. Galler Chronisten Fridolin Sicher f. Kohling, 127, Schappeler habe in einem unter das Volk ausgestreuten Buch, das er von der evangelischen Freiheit schreib, den Bauern aus der Bibel bewiesen: „daß das Zehentgeben durch das neue Testament abgeschafft worden sei; daß es unchristlich wäre, den Gläubigen Zinse und Gelten abzufordern, oder selbe zu entrichten; daß der Himmel den Bauern offen, dem Adel aber und der Geistlichkeit verschlossen sei." Jörg S. 251, Haggenmüller, Geschichte v. Kempten S. 512 wiederholen dies fast wörtlich. Auch Cornelius S. 179 u. Kohling 127 zweifeln nicht am Dasein dieser Schrift: „Von der evangelischen Freiheit", obschon sie sich bis jetzt nirgendwo vorgefunden hat. Sollte nicht vielleicht hier eine Verwechslung vorliegen, indem die zwölf Artikel selbst oft genug Artikel: „**Von der christlichen Freiheit**" genannt sind? S. z. B. unten Melanchthons Worte in Mantlus u. Carion, s. auch unten die Worte aus Herolts Chronik (mißverstanden von Kohling S. 127. 129. 146 Anm. 1, welcher sie nicht allein auf die zwölf Artikel bezieht, da doch hinlänglich klar ist, daß sie nur auf diese geben, s. a. b. St. Blasische Stiftsbuch weiter unten.

derungen ihrer eignen Unterthanen, den zwölf Artikeln nach Inhalt und Form auffallend ähnlich, wurden größtentheils nach einigem Anstand bewilligt, und im März kommen die Vertreter einer großen Vereinigung der oberschwäbischen Bauern in der Stadt selbst zusammen, um hier ihre Tagsatzungen zu halten. Auch später noch bleibt, wenn nicht der Rath, welcher machtlos war, so doch eine Partei in der Stadt in enger Verbindung mit den Bauern. Die Nachricht: „sie (die Memminger) haben ihnen (den Bauern) eine Zeit her alle Woche ein Pfund Pulver zugeschickt", findet sich in den Meldungen eines Kundschafters [1]), und den 1. April 1525 berichtet Egloffsteiner, ein bairischer Anführer, dem bairischen Herzog Wilhelm: „Ich werde glaublich berichtet, daß die von Memmingen die Bauern durch haben ziehen lassen ... und sollen ihnen ein Geschütz geliehen haben; denn der Rath hat gar kein Gewalt." [2]) Im Verlauf des Krieges änderte sich dies Verhältniß allerdings. Schon den 8. April wurde von den Bauern, welchen das Benehmen der Stadt zweideutig schien, ein Versuch gemacht sie zu überrumpeln. [3]) Bald darauf empört sich die radikale Partei in der Stadt, welche aufgefangene volksfeindliche Briefe des Rathes in die Hände bekommen hatte, gegen die Rathsherren; mehrere derselben müssen die Stadt verlassen, der Gemeinde werden vom Rathe gewisse politische Zugeständnisse gemacht. [4]) Doch dauert die Spannung unter den Parteien in der Stadt fort; und als durch die enger geknüpfte Verbindung der Umsturzpartei innerhalb und der zahlreich aufgestandenen Bauern außerhalb der Stadt die Lage des Rathes gefährlich wird, wendet sich dieser, bedrängt, an den Schwäbischen Bund um Hülfe, welche auch (9. Juni) zahlreicher, als erwünscht war, in der Stadt eintraf. [5]) — Ohne die weiteren Schicksale Memmingens zu berühren, gedenke ich Schappelers. Dieser entfloh nach seiner Vaterstadt St. Gallen und entging damit vielleicht dem Schicksal, das nach Einrücken der Bundestruppen mehrere Memminger Bürger traf: der Enthauptung. [6]) Denn der Schwäbische Bund scheint gerade auf seine Person besonders erpicht gewesen zu sein, von dem Glauben erfüllt, er sei der Urheber des Aufruhrs um Memmingen. Freilich verdächtigte ihn

---

1) Kundschaft des Ulrich Eberan v. Wildenberg, s. Jörg S. 121.
2) Jörg S. 121.
3) Rohling 141 ff. nach den Memminger Rathsprotokollen und einem Brief des Rathes an Eberhard Zangmeister.
4) Rohling 148 ff. nach den Rathsprotokollen.
5) Schorer. Jörg S. 510. Zimmermann, II, 528 nach Holzwarts und Niclas Thomanns Handschrift.
6) Holzwart sagt nach Zimmermann, II, 528: „Es sollten wohl mehr an den Tanz, aber der recht ketzerische Prediger (Schappeler), den der Bund mit Gewalt haben

mancherlei. Daß er gegen den Zehenten aufgetreten, ist schon erwähnt. Wichtiger ist, daß sich in der „Handlung, Artikel und Instruction" der Oberschwäbischen Bauern sein Name unter den von den Bauern aufgestellten Unterhändlern zwischen ihnen und dem Bund, in den ersten Reihen der Vorgeschlagenen befindet, was von dem Vertrauen zeugt, welches er bei diesen Bauern genoß. Dazu kommt ein Brief des Bundes an Memmingen vom 11. März[1]), in dem es heißt: „Uns hat glaublich angelangt, daß die Haufen der aufrührerischen Bauern im Algau und andern Orten bei eurem Prediger in eurer Stadt täglich Rath suchen und nehmen, und daß, wenn irgendwo mit den Bauern gehandelt worden, dasselbe alles, sobald sie darnach zu eurem Prediger gekommen, wieder in weitere Wege .. gewandt werde." Dieser Prediger ist Niemand anderes als Schappeler. Es wird sich später noch mehr vorführen lassen, das seine enge Beziehung zu den Bauern zeigt. — Auch verrieth seine Flucht, wie es scheint, von der Bürgerschaft Memmingens begünstigt und mit Hülfe guter Freunde mit knapper Noth bewerkstelligt, daß er sich hier nicht sicher fühlte. —

Es währte die kürzeste Zeit, da begann man ihn nicht nur der Entzündung des Aufstandes um seinen Wohnort, sondern mittelbar fast des ganzen Krieges zu bezüchtigen: der Autorschaft der zwölf Artikel.

Ich bin im Stande, diese Nachricht bis zum Oktober 1525, also wenig Monate nach Schappelers Flucht zu verfolgen. Am 11. Oktober schreibt Zwingli von Zürich dem Vadian[2]): „Insimulant Wittem-

---

wollte, als die Ursache der Bauern Aufruhren da herum, und zwei Helfer wurden unterschlagen, bis sie davon kamen."
Schorer sagt: „Am Montag nach dem Auffahrtstag that Licentiat Schappler seine letzte Predigt, und verhieß ihm ein Rath ihn zu sichern an Leib und Gut, aber der Bund wollte ihn mit Gewalt haben, als were er Ursach an der Bauern Auffruhr umb die Stadt."
Keßlers Sabbata herausg. v. E. Götzinger Thl. 1. 1528 —25 in d. Mittheilgn. z. vaterl. Geschichte, herausg. v. histor. Verein z. St. Gallen V. VI. 1866. S. 346 ff. über Keßler auch unten) drückt sich so aus: Dann menigklich wissen trug, wie die statt sich des uffgenden evangelions furtrefflich underwunden und iren predicanten, d. Christophor Schappalern ettlich jar wider des bundts willen enthalten hett, derhalben der bundt disser statt und dem predicanten in sunderhait nachstellig war ....
S. 347: doctor Christophor Schappaler, dem sy am uffsetzigsten nachtruogend, er aber durch ainen guoten Frund gewiglet, hatt sich bloss mögen uff siner gutschen (darinn er zu der zit kranck lag wie er mir selbst gesagt) in desselbigen huss verzucken, das die bundteschen, so in gnau suchtend, noch das warm geleger fundend und nach ettlichen tagen durch hilff guter gunner haimlich in aines andern person vermeint uss der statt geflocht und zu uns her gen Sanct Gallen, sin vaterland, komen etc.
1) Aus d. Memminger Archiv s. Cornelius a. a. O. S. 177.
2) Zwinglianae epistolae P. I ed. Schuler et Schulthess p. 417

bergenses, superciliosum genus hominum, Sertorium nostrum, quasi conditiones sive articulos seditiosorum agricolarum finxerit, quod ego in literis ad Froschoverum inde missis vidi." Man wird diese Worte (conditio — articuli) gewiß auf die zwölf Artikel beziehen müssen, wie denn in den folgenden Worten articuli auch auf die Zwölf geht. ¹) Als Quelle dieser Nachricht werden hier also die Wittemberger betrachtet, in einfacher Wiedergabe der Worte ihres Briefes. Hiermit stimmt überein, daß in Jo. Manlii Locorum communium collectaneis²) als Worte Melanchthons erwähnt werden: „Schapler concionator Memmingensis duodecim articulos de libertate christiana composuerat." Auch gehört hierher die gleiche Nachricht, die sich in Carions Chronik findet. Denn dies Werk wurde von Johannes Carion dem Melanchthon im Manuscript zur Durchsicht und Verbesserung zugeschickt³) und erschien erst 1532 unter dem Titel: „Chronika durch Magistrum Johannem Carion fleissig zusammengezogen" ꝛc. Es wäre also nicht unmöglich, wenn es auch in der fertig vorliegenden Chronik nicht mehr erkennbar ist, daß die Nachricht über Schappelers Autorschaft erst durch Melanchthons Hand dem Werke einverleibt worden. ⁴) Die Worte der Chronik Fol. 226ᵇ sind: „Einer genannt Schapler hat zwelff Artickel gemacht, genant von Christlicher freiheit das man der Oberkeit nicht zins geben soll, ꝛc. Durch diese Artickel meinet man, sey der pöfel des merer teils erreget." Doch scheint soviel gewiß, daß die Reformatoren, zur Zeit als sie ihre Schriften über den Bauernaufruhr und insonderheit die zwölf Artikel aufsetzten, deren Verfasser noch nicht gekannt, viel weniger bestimmt auf Schappeler ge-

---

No. XXXI. — Vergeblich habe ich mich bemüht den von Wittemberg (inde) an Froschauer gesandten Brief aufzufinden. In den gedruckten Briefen Luthers und Melanchthons finde ich ihn nicht.
1) „Scripsit enim Melanchthon adversus eorum articulos."
2) S. 280. Leider ist mir das Werk nicht zu Gesicht gekommen.
3) Ueber die Geschichte dieser Chronik s. Corpus Reformatorum XII. p. 707 ff. Leider liegt mir die deutsche Originalchronik des Carion in d. Ausgabe v. 1532 nicht vor, sondern nur eine spätere von 1546 Wittenberg G. Rhau, die aber wohl nicht der ersten abweicht.
4) Ueber die Art von Melanchthons Einfluß auf die Entstehung der Chronik vgl. Melanchthon epist. ad Camerarium (C. R. Vol. II. p. 505): „Carion misit huc χρονικά excudenda, sed ea lege, ut ego emendarem. Sunt multa scripta negligentius. Itaque ego totum opus retexo et quidem germanice" etc. Ferner: Mel. epist. ad Corvinum (Vol. II. p. 560): Mitto tibi χρονικόν in quo etsi sunt mei quidem loci, tamen ipsa operis sylva non est mea. Misit enim Carion ad me farraginem quandam negligentius coacervatam, quae a me disposita est, quantum quidem in compendio fieri potuit."

deutet haben.¹) In seiner „Ermahnung" (Erl. Ausg. XXIV, 259. Walch XVI, S. 58) sagt Luther ganz allgemein: „Es hat die Baurschaft, so sich jetzt in Schwabenland zusammengeworfen 12 Artikel von ihren unträglichen Beschwerungen gegen die Oberkeit gestellte." Ebenso unbestimmt sagt Melanchthon (Corp. Ref. XX, 651. Walch. l. cit. 43) „Erst wollt' ich, das der die artickel geschrieben hatt und sovil schrifft fälschlich anzogen, das derselbig seyn namen hinzugeschriben hette."

Das freilich mag man gleichfalls für sicher halten, daß, Schappelers Autorschaft einmal aufgebracht, sei es von wem auch immer, die Reformatoren mit Freuden die Gelegenheit benutzten, Schappeler recht sehr in den Vordergrund zu stellen, da ihre Feinde nichts unversucht ließen, um ihnen alle Schuld des Aufruhrs beizumessen.²)

Genug Schappelers Name war einmal genannt, nicht lange währt es, so bemächtigen sich die Historiker dieser Nachricht, und so wird sie bis auf unsere Tage fortgeschleppt. Da Carions Chronik zu ihrer Zeit eines ungemeinen Ansehens und einer unglaublichen Verbreitung genoß, andrerseits aber bekannt ist, wie die damaligen Chronisten bei Abfassung ihrer Specialwerke für die allgemeinen Ereignisse, die sie berührten, gern ein landläufiges Buch zu Grunde legten, so darf, wie mich dünkt, gerade Carion als die Urquelle angesehen werden, von der die Nachrichten anderer Zeitgenossen ausflossen. So erkläre ich mir in Herolts Chronik der Stadt Hall³) die Worte: „Nachdem aber die Algeyischen Bauern uff wahren, und die Rottenburgischen, auch einer, der Schappler genant, der hett zwelff artickhel gemacht, genant christlicher freyheit" ꝛc., worauf dann der Inhalt der zwölf Artikel folgt. Herolt schrieb 1541—45 und möglicherweise ist erst durch seine Vermittlung die Carion'sche Nachricht in das Stiftungsbuch v. St. Blasien gelangt. Dieses ist 1557 vom Abt Caspar I. verfaßt, und gewiß wird man seine Angabe für eine selbstständige nicht halten dürfen, da sich sogar seine Worte an Carion und Herolt anschließen.⁴) — Sleidan berichtet über

---

1) S. die Citate auf S. 10 oben aus Luthers Ermahnung und Melanchthons Schrift auch hierfür.
2) Bullinger, Ref.-Gesch. I, 245: „Bil legtbend die pürisch uffrür des Luthers büchern und predigen zu."
3) Herolt, Chronik d. Stadt Hall, herausgegeben v. Schönhuth S. 96. Ueber die Zeitangabe s. d. Einleitung Schönhuths S. II.
4) Mone bad. Quellen II, 61: „Söllicher, erschrockenlicher unerhörter uffrur erhob sich in allen Landen uß der Lutterey in dem schein des Evangelii und warff sich ainer uff Schapler genant der macht zwölf artickel und nampt sy Christenliche Freyhait deren Inhalt was, das Jeder seines aignen freyen willens leben sölt und kheiner Oberkait underworffen zu sein, weder mit zinß zehenden,

den Verfasser der zwölf Artikel nichts, aber die Kommentare seines Werkes nennen gleichfalls Schappeler.¹)

Achill. Pirmin. Gasserus läßt seine Angabe auch mehr im Dunkeln: „ortum autem seditio ista post Thomae Muntzeri Thuringi furiosissimum adversus omnes magistratus classicum ex 12 illis articulis habuit, quos Christophorus Schapplerus Sangallensis hyeme praeterita pro excutiendo servitutis jugo adscriptitiis praescripsisse Memmingae fertur."²) Ebenso unbestimmt sagt Gnodalius: Seditio repentina vulgi praecipue rusticorum etc. Basil. 1580. „Licet sint, qui eorum (der 12 Artikel) et seditionis circa Memmingen excitatae auctorem Staplerum³) „fuisse velint".

Gleichfalls berichtet Seckendorff, indem er sich selbst eines Urtheils enthält: „Istis Transdanubianis tribui debent articuli illi duodecim, quorum autor, etsi a Luthero taceatur, ab illis (?) tamen nominatur, Christophorus Schaplerus, Zwinglianae doctrinae apud Memmingenses ecclesiastes."⁴) Das Citat in Ranke II, 135 Anm. 1 aus der florentinischen Geschichte von Nardi (VIII, 187): „uno scellerato rinnovatore della setta degli anabattisti, chiamato Scaflere" sagt über die zwölf Artikel nichts, aber die moderne Literatur wird doch, wie mir scheint, von den Nachrichten der vorhin Genannten noch ziemlich beherrscht.⁵)

Doch hat es Schappeler bei Lebzeiten, wie nach seinem Tode an Vertheidigern (denn jene Behauptung wurde als ein schwerer Vorwurf betrachtet) nicht gefehlt. Schon Zwingli fügt seiner oben erwähnten Nachricht⁶) hinzu, die Meinung der Wittemberger sei eine falsche, die zu wi-

---

zöl, dienst und dergleichen ꝛc. Weitter in Thüringen . . . erhub sich T. Munzer . . . Söllichs alles erweckht den gemeinen Man und erhub sich der pöffel allenthalben." Ueber die Abfassungszeit Mone I, 74.

1) Sleidanus ed. Böhm I. p. 264 Anm.: „in margine quoque editionum commentariorum Sleidani Christophoro Scaplero s. Schapplero verbi divini praeconi Memmingensi hi articuli adscribuntur." etc.

2) Achill. Pirmin. Gasserus, Annales August. Mencken Scriptores rerum German. etc. I. 1776.

3) Man darf sich über die Verdrehung des Namens nicht wundern. Berichtet doch Schelhorn: Reform. Hist. p. 82 über folgende Abweichungen des Namens in den Päbstlichen indices prohibitorii: Scaplerus, Sclaperus, Schlaperus.

4) Seckendorff, Commentar. de Lutheran. Lib. II. Sect. 3. § 3. fol. 6.

5) S. z. B. L. A. Menzel, Neuere Geschichte der Deutschen I, 95. Haggenmüller, Kempten I, 513. Mone, Quellensammlung der bad. Landesgeschichte II. S. 18*.

6) Vgl. oben S. 16. Anm. 2.

verlegen aber wohl kein Interesse haben dürfte.¹) Man wird vielleicht sagen, Zwingli als Schappelers Freund, wie er es denn wirklich gewesen, habe die Wahrheit verbergen wollen; aber Vadian gegenüber hatte er nicht nöthig zu sagen, was er nicht für richtig hielt oder zu verschweigen, was ihm bekannt war. Auch Guodal, dem ein Grund zur Parteilichkeit gerade für Schappeler fehlte, berichtet nach den oben citirten Worten² weiter: Viele, denen Schappelers Rechtschaffenheit, sein Fleiß beim Studium der heiligen Schriften, sein heftiger Eifer, die Laster anderer zu tadeln, bekannt gewesen, hätten dafür gehalten, daß ihm beides (die Urheberschaft des Aufruhrs um Memmingen wie der zwölf Artikel) fälschlich zugerechnet worden, hätten ihn für ganz schuldlos angesehen.³) — Den umfassendsten Rettungsversuch aber hat im vorigen Jahrhundert J. G. Schelhorn unternommen.⁴) Er glaubt, „der Haß und die Passiones des damaligen Bischofs von Augsburg habe ihm solches zugezogen", und stellt alles zusammen, was sich zu Schappelers Gunsten sagen ließ. Er erwähnt einer gleichzeitigen Schutzschrift, die sich Schappelers guten Ruf herzustellen zur Aufgabe gemacht hat, in der aber der zwölf Artikel gar nicht gedacht wird⁵), er bemerkt mit Recht, wie unbestimmt die Ausdrücke der Historiker lauten, erzählt, daß er weder in den Urkunden des Memminger Archivs, noch in den Rathsprotokollen irgend etwas gefunden habe, was Schappeler graviren könne⁶), und fügt endlich hinzu, daß

---

1) Sed fortasse nihil intererit revellere istorum falsam opinionem (auch schon vorher: Insimulant) „Medentur nunc omnes intempestivae furiosaeque Lutheri invectioni, qua bis infelices homines nonmodo insectatus est aut proscidit, sed atrocissimis bellius objecit. Scripsit enim Melanchthon lingua germanica adversus eorum articulos Luthero nimirum advocatus."
2) S. c. S. 19.
3) Multi vero, quibus viri ejus vitae integritas, assidua sacrarum litterarum meditatio, zelus et vehementia in vitiis hominum reprehendendis nota fuere, falso ei utrumque imputatum fuisse, illumque omni culpa vacasse existimant.
4) Reformations-Historie 80.
5) Entschuldigung einer Frummen Christlichen Gemain zu Memmingen mit sampt irem Bischoff, und trewen Botten des Herren Christoff schlappeler Prediger alba. Von wegen der empörungen so sich bey uns begeben rc. Im jar 1525. Sebastian Lotzer der jünger von Horb jetz in Memmingen. Psalm am 1. 17. der Herr ist mit mir, ich fürchte mich nit was mir der Mensch thut). Panzer, Annalen Nr. 2767. Strobel: Beiträge II, 1. S. 78. Mir ist diese Schrift leider nicht zu Gesicht gekommen. Cornelius S. 179 hält sie für früher geschrieben als der Krieg v. 1525 ausbrach und damit für unsere Frage für werthlos.
6) Dies Argument ist freilich nicht sehr stichhaltig. Denn einmal zeigt sich jetzt nach Robling, daß Schelhorn Manches im Archiv seiner Vaterstadt entgangen, und dann erklärt sich, daß dieses nichts weiter hierüber enthält, aus Memmingens zweideutiger Stellung im Bauernkrieg.

Männer, die sich die Gelegenheit sicher nicht hätten entgehen lassen, Schappeler in schlechten Ruf zu bringen, ihn mit den zwölf Artikeln gar nicht in Zusammenhang gebracht haben. Der eine der Männer war Alexander Mayer, ein eifriger Katholik, der in seinen geschriebenen Nachrichten von den merkwürdigen Vorgängen seiner Zeit, bei Gelegenheit des Bauernaufruhrs nicht einmal Schappelers Namen nennt, der andere Dr. Johann Eck, der in einem Brief an den Memminger Magistrat Schappeler einen halbsinnigen nennt, da ihn doch, wie Schelhorn sagt, „der Titel eines Aufrührers vielmehr geschändet haben würde". [1]

Aber beinahe beredter als die förmlichen Rettungsversuche, die man angestellt hat, ist das Schweigen des ehrlichen Keßler in seiner schon erwähnten Chronik Sabbata (s. o. S. 16 Anm.). Aus der früher citirten Stelle geht hervor, daß er Schappeler selbst zu St. Gallen nach den Memminger Ereignissen gesprochen hat. Hat dieser also beim Bericht seiner Schicksale nicht absichtlich einen Punkt zu berühren vermieden, über den er, wie sich zeigen wird, gegen Bullinger ganz offen sprach, so sollte man in Keßler mindestens eine Erwähnung der zwölf Artikel in Verbindung mit dem Namen Schappelers, wenn auch nur zur Abwehr gegen gehässige Anfeindungen erwarten. Auch macht er aus Schappelers Verkehr mit den Bauern kein Geheimniß. Als er S. 327 von der Tagsatzung der oberschwäbischen Bauern zu Memmingen berichtet, und wie die Algäuer und Seegäuer mit dem Schwert vorgehen wollen, während die Baldringer die Güte versuchen möchten, fährt er fort: „Hie ist och gesin gegenwurtig (als ich verston) zu der zitt der statt Memmingen prebicant unsser herr doctor Christophor Schappaler von Sant Gallen, und mitt vil und mancherlay exemplen uß nuw und alt testament vermanet, **nichts uffrurisch mitt dem schwert, sunder mitt lieb und frundtschafft an die herren furzenemen**, sunst werd die sach zum letzten (wie man spricht) zu ihrem huß uschlachenn." Also von den zwölf Artikeln kein Spur. Auch wird man nicht sagen können, (ganz abgesehen davon, daß Schappeler auf Schweizer Boden sicher war), Keßler im Interesse des Freundes habe vermieden zu erzählen, daß dieser die zwölf Artikel verfaßt, ja vermieden, sie zu erwähnen. Das erste war unnöthig, denn die zwölf Artikel selbst wollen, daß man „nichts uffrurisch mitt dem schwert, sondern mit lieb und frundtschafft an die herren vornehme", ganz

---

[1] Schelhorns Ausführungen, soweit sie Schappeler betreffen, schließt sich vollständig an: K. Walchner: Johann Heuglin von Lindau S. 86, Schriften der Gesellschaft z. Beförderung d. Geschichtkunde in Freiburg i. B. Freiburg, Herder 1828. I. s. unten Abschnitt 5.

das, was Schappeler nach Keßler räth; das zweite wäre lächerlich gewesen, denn todtschweigen ließ sich die einmal aufgekommene Nachricht nicht. Keßler wird so von der Grundlosigkeit dieser überzeugt gewesen sein, daß er kein Wort weiter um sie verlieren mochte. Auch darf man einen Gewährsmann nicht gleich verwerfen, der selbst in seiner Vorrede so sehr das Streben nach Wahrheit kund gibt, „welche der hystorien seel und leben ist".

Man wird gespannt sein zu wissen, wie sich Schappeler selbst dem ihm gemachten Vorwurf gegenüber benommen hat. Keineswegs wird man sagen können, daß seine Flucht von Memmingen vom Bewußtsein seiner Schuld, sondern nur daß sie von seiner, wie es scheint, in Wahrheit begründeten Besorgniß zeuge. Aber wir wissen von ihm, daß er selbst, noch in späteren Lebensjahren auf Schweizer Boden sich energisch der Beschuldigung entgegengesetzt hat, als sei er der Autor der zwölf Artikel. Es war eben bei Gelegenheit jener schon erwähnten in Carions Chronik befindlichen und durch sie ohne Zweifel verbreiteten Angabe, daß er sich gegen Heinrich Bullinger, den bekannten Verfasser der „Historia oder Geschichten, so sich verlauffen in der Eydgnoschafft" 2c. äußerte, wenn Carion noch lebte, (dieser war 1538 gestorben), so wolle er ihn eines Besseren berichten, denn ihm geschehe Unrecht, „habe nie nütt mitt den puren gehandlet, syend imm auch sömlich artickel in sin sinn nie kummen." ¹)

Dazu kommt, daß man einen Brief Schappelers an Zwingli kennt, noch aus Memmingen datirt, und zu einer Zeit geschrieben, die unbestreitbar hinter der des Druckes der zwölf Artikel liegt ²), in dem aber diese

---

1) Bullinger, Reformationsgeschichte I, 245, bei Gelegenheit der zwölf Artikel: „Wer aber den puren diese artickel angäben und verzeychnet habe, kann nüt gewüsses gesagt werden. Dann das etliche sy dem Doctor Christoff Schappeler von S. Gallen zu gäbend. Von dem ich aber selbs me dann einist gehört hab, das er sich deß ufflags hochlich beschwaret: Und willensg rin, so er noch Carion in läben funden, das er ine berächten wöllen. Dann imm gewalt und unrächt beschähe, habe nie nütt mitt den puren gehandlet, syend imm auch sömlich artickel in sin sinn nie kummen." Wenn „gehandlet" heißt: etwas mit den Bauern zu schaffen haben, was wohl der Sinn ist, so schießt seine Vertheidigung über's Ziel hinaus. Sobald er von den Bauern zum Unterhändler gewählt worden (s. o. S. 16), konnte er dies nicht mehr sagen; am wenigsten, wenn man den Brief v. b. S. 16 bedenkt.
2) Zwingl. epistolae ed. Schuler et Schulthess I. p. 392. No. IX. Der Brief ist vom 2. Mai 1525; es ist schon gesagt, daß eine Ausgabe der Artikel: P das Datum trägt: „Monatis Marcii". Schappeler schreibt von den Bauern: „Audientes enim, atque scientes imo et in ceteris sentientes se ipsos, proavos, denique posteros gentili ritu, ac judaica hypocrisi, praeter modum in dispendium et animae et rerum omnium delusos, extenuatas, onere ac jugo iniquo oppressos, et quasi in ventum misere datos, animo in ea servitute vivere omnino nolunt, onera Christiano indigna ferre renuunt, servire

nicht einmal erwähnt und der Bauern überhaupt nicht freundlich gedacht wird. Doch durchaus nicht so, als ob Schappeler die Auflehnung von Haus aus mißbilligte, im Gegentheil erkennt er die Knechtschaft, in der die Bauern gelebt haben, und daß diese unerträglich gewesen sei, vollkommen an, aber er mißbilligt oder besser er beklagt die gewaltsamen Thaten, die Zerstörung von Schlössern und Klöstern, wozu es gekommen ist, ohne doch andrerseits über die unmäßige Leidenschaft der Fürsten bittre Worte zu sparen. Ueberhaupt geht durch den ganzen Brief mehr eine Stimme der Klage als der Anklage, ein gewisser elegischer Ton, und die Worte gegen Ende des Briefes, sie wollten die göttliche Verzeihung anflehn, daß sie nicht auch in dem Sodom und Gomorrha zu Grunde gingen, die Bitte an den Freund, er möge für ihn zu Gott beten, klingen nach einem Gefühl der Aengstlichkeit, welche fast mehr als bloße Furcht vor den kriegerischen Gräueln im Allgemeinen zu sein scheint. [1]

Nach dem Vorigen wird man sich, so weit es bis jetzt möglich, ein Urtheil bilden müssen.

Auf der einen Seite die gleichzeitige Angabe, Schappeler sei der Verfasser der zwölf Artikel; diese, so weit man sehen kann, aus den Wittenberger Kreisen hervorgegangen, und, wie ich vermuthe, eben von da aus in die landläufige Weltgeschichte der Zeit: Carions Chronik, und durch sie in andere historische Werke gelangt. [2] — Dann die Thatsache, daß Schap-

---

diis, ut est in proverbio, alienis respuunt, voce una omnes clamant, reclamant, sua potius quaerentes. Et ut est hominum genus, etiam pravum atque iniquum, Deo oportebat magis, quam homini obedire. Magistratibus item reclamantibus et Praepositis. Sanctissimo scil. praecellentissimis, atque ipsorum ducibus, hominibus scilicet Christum ejusque evangelium et manibus et pedibus impugnantibus, etiam in omnibus obtemperare debere. Jam tandem in ancipiti re pendente, nec evangelium, nec pietatem nec aequitatem denique ullam prae se ferunt, sed feroci animo armis alterutri in sese digladiantur sanguinolentis. Hinc castra, monasteria, domosque exteras metentes, atque spoliantes, bona populus diripiunt: illinc pagos, villas ac viculos incendio perimunt; scilicet justitiae praetextu vindicantes sese absque habenae ullo moderamine, atque mansuetudinis Spiritu. Porro apud nos nedum furor iste. haec mala. Saevit pari dente Bavarum dux etc.

1) Restat, mi Huldrice, fusis e corde lachrymulis, apud Deum misericordiarum et totius consolationis patrem, indulgentiam quaeramus, ne simul cum Sodoma et Gomorra increduli pereamus omnes . . . tui Christophori adhuc certantis, atque in salutare vivum sperantis, ejusque precularum memor esto. . . . Et Deum pro nobis ora etc. Rohling S. 147. Anm. 1 bemerkt mit Recht, daß der Ausdruck dieses Briefes oft fehlerhaft ist.

2) Als ein Beispiel für die Benutzung Carions durch zeitgenössische Historiker gerade in diesem Punkt citire ich: Friderici Myconii Historia Reformationis, herausg. v. Cyprian, Leipzig 1718. S. 70: „Anno 1525 . . . um dieselbe Zeit erreget der Teuffel die Beuerischen Aufruhr und vermeinet er wolt also das Evangelion dämpffen. Die Anfänger waren einer, Schapler genant und zu Mülhausen Thomas Müntzer. Hiervon findestu in der Chronica Carionis" vgl. eod. loco S. 72. S. a. Chron. abb. Ursperg. Paralipomena rerum Memo-

peter gegen den Zehnten geprebigt, eine Auflage, welche die zwölf Artikel zum Theil beseitigt wissen wollen, die Thatsache, daß die Bauern ihn in einem ihrer wichtigsten Aktenstücke mit andern Männern ihres Vertrauens zusammen zum Unterhändler aufstellten, seine ganze, wie es scheint, berathende Stellung unter den Bauern, endlich seine Flucht. — Auf der andern Seite die schon zweifelhaften Angaben einiger Historiker späterer Zeit, der Mangel jeder bezüglichen Nachricht in den Schriften eines erbitterten Feindes, wo sie den Angriff, und in der Chronik eines wahrheitsgetreuen Vertrauten, wo sie die Vertheidigung hätte herausfordern müssen; dazu seinerseits Schweigen, wo er diesen Punkt hätte berühren sollen, entschiedenes Läugnen, wo er daraufhin angegriffen wurde. — Schon nach allem diesem glaube ich nicht, daß man wagen kann, mit Gewißheit in Schappeler den gesuchten Verfasser der zwölf Artikel zu finden. Der hauptsächlichste Gegengrund wird aber später erst hervortreten: daß sich nämlich mit dieser Annahme gewisse andere feststehende Thatsachen nie und nimmer in Einklang bringen lassen.

Dennoch bin ich weit entfernt das Gewicht der bejahenden Zeugnisse zu verkennen. Eine solche Uebereinstimmung kann ohne jeden Grund nicht wohl hervorgebracht werden; auch ist, was Schappelers Läugnen betrifft, schon gezeigt, daß er mehr in Abrede stellte, als sich verneinen ließ. — Und ließe sich nicht hier schon vielleicht eine Vereinigung finden, wenn man nur den historischen Kern herausschälen könnte, um den sich die Ueberlieferung von seiner Autorschaft angesetzt hat? — Schappeler war, das würde, wenn nichts anderes, sein Brief an Zwingli beweisen, den anfänglichen Grundsätzen der Bauern, eben denen, die sich in den zwölf Artikeln mit Mäßigung [1]) aussprechen, und die er theilweise in jenem Briefe anführt, durchaus nicht abhold, er blieb, wie aus der „Handlung, Artikel und Instruktion" gezeigt worden, mit den Bauern in Verbindung, er war aber dabei, so tritt seine ganze Persönlichkeit uns entgegen, mehr ein Mann der Religion als der Politik, er, der Luther Memmingens, vor allem ein begeisterter Prediger der neuen Lehre, des Evangeliums, sollte man ihm nicht, wenn nicht die Artikel selbst, so doch jene Einleitung zuschreiben dürfen, die so energisch für das Evangelium eintritt, die zugleich, wie er in seinem Briefe an Zwingli ebenfalls andeutet, die „Unge-

---

rabil. 1230—1537 (v. Hedio) S. 435: „Johannes Carion in sua Chronica parva meminit etc... Fertur de Scaplero quodam qui XII articulos conscripsit etc..."
1) So auch Sleidanus V. p. 284: „Hi (sc. rustici) paulo moderatius rem gerebant initio et quid a principibus vellent edito scripto demonstrabant" (das sind eben die zwölf Artikel).

horsamkeit und Empörung der Bauern christlich entschuldigt", und von der zu zeigen versucht ist, daß sie von einer andern Hand sein müsse als die Artikel selbst?

Ich wage noch nicht an dieser Stelle auf diese Frage zu antworten; es genüge sie angeregt zu haben; es wird sich später die Gelegenheit bieten, an diese Vermuthung anzuknüpfen und zu sehen, ob sie sich zu einer gewissen Wahrscheinlichkeit vergrößern kann, wie sich denn vielleicht auch noch auf andere Weise eine Beziehung Schappelers zu den zwölf Artikeln herausstellen wird. [1])

V.

Johann Heuglin.

Man kann wohl sagen, daß recht eigentlich um Schappeler für immer von dem Vorwurf der Vaterschaft der zwölf Artikel zu entlasten, ein anderer Name aufgebracht worden ist, bestimmt, jenen abzulösen. Schelhorn sagt am Schluß seiner Apologie Schappelers: „Weilen aber doch viel Zeugnisse vorhanden, daß diese Frucht auf dem Schwäbischen Boden gewachsen, so kommt mir sehr wahrscheinlich vor die Muthmaßung des berühmten und gründlich gelehrten Ulmer Professors und Predigers am Münster Herrn Elias Fridens (deutsche Uebersetzung der Seckendorffschen Historie des Lutherthums S. 847), welche dahin geht, daß Johann Heuglin sie (die zwölf Artikel) aufgesetzt habe" ꝛc. [2]) Die Worte Fricks

---

1) S. u. Abschnitt 16.
2) Ueber Heuglin s. besonders: K. Walchner, Johann Heuglin von Lindau ꝛc. in den Schriften der Gesellschaft z. Beförderung der Geschichtskunde in Freiburg. 1828. I. S. 67—92. — Auch Heinrich Schreiber, Leben Fattlius. Freiburg 1832. Hauptquellen f. Heuglins Geschichte sind die zwei gleichzeitigen Druckschriften: 1) Warhafft hystori von dem | frommen zügen und marterer Christi Johannes Hü|glin vonn Lindow, so dann umm Christlicher | warhait willen | durch den Bischoff | von Costentz zu Merspurg ver|brennt ist worden uff den zehe | den tag Mayens, im Tu-|send fünfhundert si|ben uñ zwaintz | gesten jar. | Psalmo LXXIX | O Herr lass (unter den Papisten) vor unseren ou-|gen kunt werden die rach des bluts di-|ner knecht das vergossen ist. 2 B. 4⁰. (Ich konnte diese Schrift im Original benutzen aus der Bibliothek des Baseler Antistitiums „Schweitzerische Schriften. Tem. XXXV. Kirchengeschichte"). — Dagegen erschien von Dr. Peter Speiser, Rath des Konstanzer Bischofs und Christoph Golter, Pfarrer in Meersburg; 2) Wahrhaft Verantwurtung, über dz lugenhaft Schmachbüchlein, so in kurz verschienen Tagen uszgangen ist von wegen Hannsens Heuglins von Lindaw, welcher dann umb seiner uffrürischen ketzerischen und falschen Leer willen zu Meersburg am Bodensee ist verbrennt worden. Ueber die erste dieser Schriften s. Strobel, Beiträge II, 1. S. 75 (fehlerhaft im Abdruck). Sie soll wörtlich abgedruckt sein in Ludwig Rabus, Historien der Martyrer T. II. S. 446 ff. 1572. Fol. (Walchner l. c. p. 84). Die zweite angeführt Walchner l. c. S. 82.

(II. S. 313) lauten: „Misschien echter word 't opstel van deze artikels met meer recht Jan Heuglin toegemetten, waarvan hierna breeder."

Johann Heuglin (Hüglin), aus Lindau gebürtig, bekleidete das Amt eines Frühmessers in dem der Reichsstadt Ueberlingen am Bodensee gehörigen Pfarrdorf Sernatingen. In dem Gebiete dieser Reichsstadt wie überhaupt am nördlichen Gestade des Bodensees hatte der Bauernaufstand bedeutenden Umfang gewonnen, wie denn in der schon erwähnten „Handlung, Artikel und Instruktion" neben dem Haufen der „Baldringer" und „Algeuer" die „Bodenseer" als dritte organisirte Macht der Aufständischen auftreten. Als es nun gelungen war, auch in diesen Gebieten die Ruhe wieder herzustellen, und wie überall, wo der Aufstand gewüthet hatte, die Zeit der Denunciationen und Anklagen auch hier folgte, wurde nebst drei andern Geistlichen Johann Heuglin ergriffen, und wegen Begünstigung der evangelischem Lehre und Theilnahme am Bauernaufruhr angeklagt, an das geistliche Gericht des Bischofs von Konstanz abgeliefert. Jene Drei wurden nach einiger Haft wieder entlassen; Heuglin aber nach förmlichem Proceß zu Meersburg „zu Pulver und Asche verbrannt". Es kann hier nicht der Ort sein, auf alle die Artikel einzugehen, die dem Heuglin auf dem Meersburger Marktplatz vor versammeltem Gericht verlesen wurden, und auf die er sich verantworten sollte, es genügt diejenigen herauszuheben, die sich auf den Bauernkrieg und insonderheit auf „Artikel der Bauern" beziehen. So lautet Artikel 1: er habe gelehrt, man solle keine Obrigkeit haben; Art. 2: habe ferner gelehrt, alle Christen seien frei und nicht schuldig weder Fäll noch Läß [1]) zu geben. Art. 14: Er habe den aufrührerischen Bauern **ihre Artikel geschrieben.**

Art. 15. [2]) Er habe dieselben in ihrem rechtswidrigen Fürnehmen noch bestärkt und derselben Briefe an den Benkler geschrieben. Johann Benkler war einer der Anführer des Hegauerhaufens). [3])

Man kann denken, daß die Forscher und namentlich diejenigen, denen es um eine Ehrenrettung Schappelers zu thun war, sich mit Eifer auf

---

Vierordt, Geschichte des Protestantismus in Constanz, in H. Schreibers Taschenbuch f. Geschichte u. Alterthum in Süddeutschland III. S. 70. S. auch Bullinger, Reformationsgeschichte I, 340 (doch wird hier Heuglins Theilnahme am Bauernkriege nicht gedacht).

1) D. i. d. Todfall, f. Schreiber Bauernkrieg 1524. S. 16. S. 177: „Fäll und Gläß".

2) In der „Warhafften hystori" ꝛc. sind diese Anklagepunkte unter Art. 1 mit behandelt.

3) Walchner, Radolfzell 97.

Art. 14 geworfen haben, indem ja hienach nichts klarer sein könne, als daß sich Heuglin selbst als den gesuchten Verfasser der zwölf Artikel offenbare.¹) Doch hören wir Heuglins Verantwortung, um zu sehen, ob ihr gegenüber diese Behauptung Stich hält. Es kann übergangen werden, wie er sich gegen den Vorwurf von Art. 1 und der ersten Hälfte von Art. 2 vertheidigt, aber seine folgenden Worte sind eben die wichtigen. Er sagt: „Daß ich gelehrt haben soll, man habe weder Fall noch Laß zu geben, hat die Bewandtniß: Als mich die Bauern, wie manchen andern Biedermann, zu ihrer Partei genöthigt haben, ist eben diesen B a u e r n v o n S e r n a t i n g e n von der Stadt Ueberlingen folgende Botschafft zugekommen: Sofern sie (die Sernatinger Bauern) mit den übrigen nicht gemeinsame Sache machen würden, wolle der Rath von Ueberlingen ihnen alles das gewähren, was auch den andern Bauern gewährt werde. Sie sollten daher i h r e B e s c h w e r d e n (Walchner, S. 78, übersetzt, wie mir scheint, falsch: hätten sie übrigens b e s o n d e r e Beschwerden) in Ueberlingen anbringen.²) Dazumal haben mich die Bauern (also die von Sernatingen) veranlaßt, ihre Artikel schriftlich aufzusetzen, was ich keineswegs läugne. Als die Bauern nun darüber rathschlagten, ob man in diese Artikel auch die Forderungen über Fälle und Laß schreiben sollte und sie mich wegen dieser Sache um Rath gefragt haben, habe ich ihnen geantwortet: Weil wir gehört daß etliche Herren zu Stockach und anderswo sich erbieten die Beschwerden zu mildern, dünkt mich, es könne nichts schaden, wenn man diesen Punkt auch in die Schrift aufnehme. Soviel und mehr nicht habe ich in dieser Sache gethan und will hoffen, weil mancher Biedermann damals in Sorge und Noth ein Uebriges thun mußte, und ich nichts anderes gethan, und geglaubt habe, ich thäte den Herren damit einen Gefallen, auch den Bauern sonst nicht geholfen habe, (oder auch: sie sonst nicht in ihren Absichten b e s t ä r k t habe), daß mir dies an meinem Leben keinen Nachtheil noch Schaden bringe."

---

1) Außer F r i c k und S c h e l h o r n theilen diese Ansicht noch P a n z e r, Annalen ꝛc. II zu Nr. 2704: „Wahrscheinlich — sagt er allerdings — ist der Verfasser Heuglin" ꝛc., ebenso der Verf. der Material. z. Gesch. d. Bauernkriegs. Chemnitz 1791. 1. Lieferung S. 16. S t r o b e l, Beiträge ꝛc. II, 1. S. 77 meint, es lasse sich wahrscheinlich schließen, daß H. der Verfasser der zwölf Artikel gewesen sei, oder doch wenigstens den von den Bauern selbst gesetzten Entwurf ihrer Beichwerden gegen ihre Obrigkeit in eine bessere Ordnung gebracht habe. Selbst noch B e n s e n, S. 64. sagt: „Gegen den Johann Heuglin wurde i h r e (der zwölf Artikel) Abfassung ein Anlagepunkt." Dies ist ebenso unrichtig als die Behauptung, er sei wirklich der Verfasser.

2) S t r o b e l l. c. S. 76, Warhafft H y s t o r i fol. A iij; „und ob sy etwas b e s c h w e r d habind söllind sy dieselbigen denen von U b e r l i n g e n anzögen. Dozmal habend sy mich überkomen, das ich inen i r e a r t i k e l in ain geschrifft verfasset und gestellt hab" ꝛc.

Wird man noch wagen dürfen, an der Behauptung festzuhalten, Heuglin habe die bekannten zwölf Artikel verfaßt? Es ist deutlich genug aus seinen Worten herauszulesen, und ich wüßte nicht warum wir sie bezweifeln sollten, daß unter den Artikeln der Bauern die der Serna tinger Bauern verstanden sind, deren Vorlage der Rath von Ueberlingen ausdrücklich hervorgerufen hatte, und daß, wenn Heuglin bekennt, diese aufgesetzt zu haben, wir es hier mit einem Beispiel dieser Lokal-Forderungen zu thun haben, die nicht über ein enges Gebiet hinaus drangen und vielleicht nur ein paar hundert Menschen bekannt wurden.[1] Es ist dies eben das erste, wenn auch nicht das letzte Beispiel, das sich uns bietet, wie vorsichtig man die Nachricht aufzunehmen habe, die eine Quelle bringen mag: Jemand habe der Bauern Artikel gemacht oder verfaßt. „Artikel" hat in dieser Zeit einen wahren Reichthum von Bedeutungen. Eine einzelne Behauptung, eine Reihe von Sätzen, die einzelnen Kapitel oder Abschnitte, in die eine Schrift abgetheilt sein mag, jeder verständlich ausgedrückte Gedanke, jede geordnete Gedankenreihe: Alles dies heißt Artikel. Es fehlt uns ein so allgemeines Wort heutzutage, denn unser „Satz" deckt die verschiedenen Bedeutungen von „Artikel" kaum. Um also in jener Nachricht die Spur der zwölf Artikel zu finden, müßte schon, wie allerdings in unserem Fall, klar sein, daß unter Artikel bestimmte Forderungen verstanden sind, welchen Sinn das Wort „Artikel" bei unsern zwölf hat. Aber auch so noch würde es unvorsichtig sein, jene Nachricht mit Gewißheit auf die zwölf Artikel zu beziehen. Artikel der Bauern, auch im Sinn von Forderungen, giebt es, wie schon mehr erwähnt, unzählige, fast in jeder Landschafft besondre, es bedarf noch näherer Kennzeichen, um die zwölf Artikel anzudeuten. Erst wenn etwa die Zahl „12" hinzugefügt oder gesagt wird, diese Artikel seien gedruckt oder sie seien jene bekannten, oder erwiesen werden kann, ihr Verfasser habe eine bedeutende politische Rolle unter den Bauern gespielt, durch die seine Autorschaft eines so überaus wichtigen Dokumentes erklärlich wird, dann erst und am liebsten, wenn alles Gesagte zusammentrifft, wird man wagen dürfen, mit großer Sicherheit zu schließen, die zwölf Artikel der ganzen Bauerschaft seien gemeint. Nichts von dem Gesagten trifft aber in unserm Fall zu. Von

---

[1] Ich gestehe, daß ich die folgenden Worte in Walchners Vertheidigung Heuglins S. 87 nicht verstehe. Er sagt: „Die Allgauischen Bauern hatten zu ihrer Verbrüderung (Aftermontag nach Invocavit 1525) 16 Artikel zusammenschreiben lassen, in welchen bereits von dem Evangelium, von der lautern Lehre u. s. w. die Rede ist." Ich kenne solche 16 Artikel der Allgauer nicht. Sollte dies nicht eine Verwechselung sein mit jener „Handlung, Artikel und Instruktion", die auch vom Aftermontag nach Invocavit datirt ist und auch vom Evangelium spricht, deren Artikel aber nicht 16 sind?

diesen Artikeln wird nicht gesagt, es seien zwölf gewesen, nicht, sie seien gedruckt, auch sonst nicht auf die bekannten zwölf irgendwie hingewiesen. Heuglin war kein Parteimann ersten Ranges; wie so manche andere Prediger auch, hat er, als des Schreibens am besten kundig, die Beschwerden seiner Pfarrkinder, der Sernatinger Bauern, aufgesetzt. Auch gesteht er dies sofort zu, während er wohl Anstand genommen haben würde, sich zum Schreiber eines Manifestes zu bekennen, auf das ein großer Historiker den ganzen Krieg zurückzuführen scheint.[1]) Wenn Walchner S. 87 noch meint, der Stil der zwölf Artikel weiche von dem der Gegend ab, in welcher Heuglin zu Hause gewesen, so bekenne ich, dies nicht beurtheilen zu können, glaube aber auch, daß es nicht nöthig sein wird, neue Gründe gegen Fridens und Schelhorns Meinung vorzubringen. Die moderne Literatur hat sich auch gegen sie erklärt.[2])

VI.

Friedrich Weigand.

Ganz ähnlich, wie man Heuglin lediglich aus einem Misverständnis des Worts: „Artikel" zum Verfasser der zwölf hat machen wollen, ist Friedrich Weigand zu derselben Ehre gelangt. Es ist A. S. Stumpf, der ihn im zweiten Heft seiner Denkwürdigkeiten der deutschen, besonders fränkischen Geschichte, Erfurt 1802, zuerst dafür erklärt hat, auch hat sich Walchner, um für Heuglin einen Ersatzmann anzugeben, seiner Ansicht angeschlossen. Erst Oechsle hat in der Vorrede seiner Beiträge zur Geschichte des Bauernkrieges diesen Irrthum widerlegt.

Friedrich Weigand, churmainzischer Kellner zu Miltenberg im Odenwald war, gleich seinem berühmteren Freunde, Wendel Hipler, einer der geheimen Leiter der Bauernbewegung, ein Mann, der nicht sowohl mit dem Schwert als mit der Feder für die Sache der Bedrückten zu kämpfen mußte. Am bedeutendsten wurde seine Thätigkeit, als sich im Mai 1525 unter dem Vorsitz von Wendel Hipler in Heilbronn eine „Kanzlei" konstituirte, um die „Reichsreform", die man Seitens der Bauern anstrebte, zu berathen. Weigand selbst saß nicht in diesem Verfassungsausschuß, aber

---

1) Sleidanus, IV f. oben S. 3 Anm. 2.
2) So nach Walchners Vorgange: Zimmermann, I, 417. Ranke, II, 135 Anm. 1: er sagt namentlich auch, daß von den 12 Hauptartikeln wohl auf andere Weise geredet sein würde. Jörg S. 181 Anm.

er sandte von Miltenberg aus Entwürfe zur Reichsreform, welche sehr beachtenswerth sind. Unter anderen gehört dahin eine Reihe von Artikeln, welche man bei Oechsle, S. 156—158 abgedruckt findet. Auf eben diese bezieht sich ein Brief Weigands an Hipler vom 18. Mai, in dem sich wiederum neue Vorschläge finden. In diesem Briefe kommen nun folgende verführerische Stellen vor:

„Ich hab Euch jüngst etlich Artikel in Schriften zugeschickt, die dem armen gemeinen Volk, als Bürgern und Bauern, zur Erledigung eingeführten Zwanges, erdichteter menschlicher eigennütziger Beschwerden, zu christlicher Freiheit nützlich, nöthig und dienstlich wären."

Ferner beruft er sich darin auf seine: „vorüberschickten Artikel", und daraus gerade hat Stumpf schließen wollen, er sei der Verfasser der zwölf. Oechsle hat zur Genüge nachgewiesen, daß unter den „vorüberschickten Artikeln" nichts anderes zu verstehen ist, als die Artikel von Weigands Verfassungsentwurf, und daß hier ein einfaches Misverständnis vorliegt. Auch werden die zwölf Artikel selbst in dem Brief noch ganz besonders erwähnt. Möglicherweise hängt Eichhorns eigenthümliche Ansicht (Rechtsgeschichte, 5. Auflage, IV S. 50) hiemit zusammen: „Die zwölf Artikel seien nicht, wie die meisten annehmen, im eigentlichen Schwaben entstanden, sondern eher von den vereinigten fränkischen und rheinischen Bauern ausgegangen."

VII.

Thomas Münzer.

Die beiden letzten Abschnitte hatten Männer zu behandeln, deren Namen nicht sowohl durch die Quellen selbst als durch die Konjekturen späterer Gelehrten in die Debatte über den Autor der zwölf Artikel hineingeworfen worden sind; in den nächstfolgenden Blättern handelt es sich darum, eine Persönlichkeit in den Kreis der Untersuchung zu ziehen, auf welche, wie auf Schappeler, gleichzeitige Nachrichten hinweisen, und an die, vielleicht zäher noch als au jenen, die Meinung der Nachwelt sich angeklammert hat.

Es ist Niemand Geringeres als Thomas Münzer.[1] In der That,

---

[1] Für Münzers Leben verweise ich mit Uebergehung untergeordneter Schriften auf: G. T. Strobel, Leben, Schriften und Lehren Thomä Münzers. Nürnberg u.

wenn man ermißt, wie tiefen Eindruck dieser fanatische Agitator auf die
Gemüther seiner Zeitgenossen gemacht, und wie selbst spätere Geschlechter
wohl geneigt waren, ihn gewissermaßen als die Verkörperung revolutio-
närer Bestrebungen zu betrachten¹), wird man sich nicht wundern, daß
man, wie die ganze bäurische Empörung, so auch ihr Haupt-Vehikel, die
zwölf Artikel, aus seinem Kopf hat entspringen lassen wollen.

Ehe auf diese Special-Frage eingegangen werden kann, wird es nöthig sein, um Späteres vorzubereiten, das Dunkel, welches auf Münzers
Aufenthalt in Süddeutschland ruht, und durch welches gerade den mannich-
fachsten Vermuthungen Raum gegeben wird, soweit es die überlieferten
Nachrichten gestatten, zu lichten.

Nach einem schon hinlänglich bewegten Leben, das ihn von seinem
Geburtsort, Stolberg am Harz, nach Aschersleben und Halle, dann nach
Braunschweig, in die Nähe von Weißenfels, nach Zwickau, von da sogar
nach Prag, und von dort wieder nach dem thüringischen Alstedt geführt
hatte, wandte sich Münzer, da auch in Alstedt seine Stellung unhaltbar
wurde, nach der Reichsstadt Mühlhausen in Thüringen. Dies muß nach
Mitte August 1524 geschehen sein.²) In dieser Stadt waren schon vor

---

Altdorf 1795. J. K. Seidemann, Thomas Münzer. Dresden u. Leipzig. Arnold, 1642 und die betreffenden Abschnitte in Zimmermann, die zum Theil auf
Ausbeute des verstorbenen Archivar Stephan aus dem Mühlhäuser Archiv beruhn.
Diese sind, soweit ich sehe, für sich nicht veröffentlicht, doch zusammengefaßt in Stephan, Anzeige betr. b. Reformationsgeschichte Mühlhausens ꝛc. 1842.

1) Eine besondere Untersuchung dieser Frage würde sich gewiß der Mühe verlohn-
nen. Beispielshalber erwähne ich, daß im Jahre 1536 der Münstersche Wahnsinn in
Gedanken mit Münzer zusammengebracht wurde. So heißt es in der Schrift: Acta,
Handlungen ꝛc. so durch ... Philipsen, Landgraven zu Hessen Inn der Münsterschen
Sache geschehn und zusammengepracht Durch Antonium Corvinum ꝛc. am Schluß:
Gedruckt zu Wittemberg durch Georgen Rhaw. auf H. III: „also viel spüren wir aber
bey euch, wenn in euren henden, wie von der Gottes krafft und macht stünde, hettet
ir lengest die dritte welt angefangen, wie der Müntzer mit seinen auffrhürischen bau-
ren auch anfieng." Und am Rande findet sich die Notiz: „Eine feine agnominatio ist's
Münster und Müntzer." Diese Schrift, wie einen großen Theil der Schriften Münzers konnte ich aus der Heidelberger Universitäts-Bibliothek einsehn.

2) Die Chronologie dieses Theils von Münzers Leben ist oft so verwirrt, daß ich
sie, um den Fortlauf des Textes nicht zu stören, im Zusammenhang erörtern will. Es
handelt sich um Feststellung dreier Daten:

1. Münzers Ankunft in Mühlhausen: Noch am 14. August schreibt Luther warnend an die Mühlhäuser, sie möchten Münzer nicht aufnehmen (De Wette,
Luthers Briefe II, 536.) Nach Holzhausens Mittheilung aus der Mühlhäuser Chronik
in Schmidts 3. S. f. Geschichtswissenschaft IV S. 374 war Münzer Sonnabend
nach Bartholomäi (27. Aug.) erst „in kurzen Tagen" nach Mühlhausen gekommen, ge-
sellet sich sobald zu Pfeifern". Demnach kann man Ende August als Datum annehmen,
Seidemann zwar sagt S. 45: „gegen den 15. Augnst." Die Histori Thome Munzers ꝛc., jene bekannte Schrift Melanchthons, hier wie sonst in den Zeitangaben, und
leider überall höchst unzuverlässig, schweigt ganz von diesem ersten Mühlhäuser Aufenthalt
und sagt nach Erzählung v. Münzers Vertreibung aus Alstedt: „Thomas.... macht

Münzers Ankunft durch einen begabten Mann Bewegungen hervorgerufen, welche die politischen wie religiösen Verhältnisse Mühlhausens gleich sehr änderten. Dies war Heinrich Pfeiffer, der, ein entlaufener Mönch, zuerst das Evangelium predigt und dann auch, um die Reformation auf allen Gebieten durchzuführen, die städtische Verfassung im Kampf mit dem Rath zu Gunsten der Bürgerschaft ändert. Nach kurzer Zeit der ersten Vertreibung kehrt er zurück und setzt seine Bestrebungen fort. Erst nach einer zweiten Vertreibung, 24. Aug. 1524, zieht er die Vorstädte Mühlhausens und zugleich die Bauern des Mühlhäuser Gebiets in sein Inter-

---

sich davon, und verbarg sich ein halb jar, darnach ... zog (er) gen Nurenberg." Vielleicht danach weiß auch Strobel S. 63 nichts von dieser Mühlhäuser Periode.

2. Münzers und Pfeiffers Vertreibung aus Mühlhausen: Die Mühlhäuser Chronik nach Holzhausen 375 ist hierüber ganz deutlich. Nachdem vorausgeht ... "Mittwoch nach Lamberti .." (21. September) und dann: "Montag danach.." (26. Sept.) heißt es weiter: 376 "Dienstags früh ... (27. Sept.) ist beschlossen, daß Pfeifer und Alstedter (so wird Münzer hier oft genannt) die Stadt räumen sollten, ... da giengen viel Bürger mit ihnen." Hiermit steht Folgendes in direktem Widerspruch: Nach Hottinger, Gesch. d. Eidgenossen ꝛc. 1829 II, S. 6. Anm. 15 befindet sich in der Simlerischen Sammlung ein Brief Münzers aus der Schweiz vom 5. September Ihm schreibt dies nach Schreiber, Taschenbuch ꝛc. II, S. 171, indem er auch bei Erwähnung eines Briefes von Grebel an "Münzer in Alstedt" vom 5. Sept. sagt: Dieser Brief sei nicht mehr an seine Adresse gelangt, da Münzer bereits in der Schweiz angekommen. Woher die Simlerische Sammlung dies Aktenstück erhalten, weiß ich nicht, wie gänzlich unhaltbar aber diese Angaben sind, zeigt schon der Umstand, daß Seidemann, S. 136 einen Brief Münzers giebt, datirt: "Molhausen am sunnabendt nach Egidii MCCCCXXIIII" also vom 3. September, 2 Tage vor jenem angeblichen Brief Münzers aus der Schweiz.

3. Münzers Rückkehr nach Mühlhausen: Auch hier wieder ist die Mühlhäuser Chronik nach Holzhausen 376 zweifellos: "1524 am Tage Lucia (13. December) sind ... Alstedter und Pfeifer wieder in die Stadt kommen." Danach wären beide von Mülhausen abwesend gewesen 27. September — 13. December, also 2½ Monat. Damit stimmt, wenn man einen längeren Aufenthalt auf der Reise nicht annimmt: Bullinger, Der Widertäufferen Ursprung ꝛc. fol. 2: daß Münzer nach achtwöchentlichem Aufenthalt in Griessen wieder nach Mühlhausen gegangen sei. Dies nimmt auch an Jörg S. 702, auch Stephan S. 6 und G. L. Schmidt, Justus Menius. Gotha, Perthes 1867. S. 268. Dagegen äußern sich anders Seidemann, S. 66: "Münzer muß gegen Ende Februar (1525) nach Mühlhausen gekommen sein." Zimmermann, II, 273. 275; vergl. I, 420: "Es war am 13. Dec. 1524, als Pfeifer zurückkehrte." "Urkundlich war Münzer 8 Wochen in Mühlhausen, vom 12. März bis zu Anfang Mai." Er läßt also Pfeiffer eher als Münzer zurückkehren. Seine wie Seidemanns Ansicht beruht, soviel ich sehe, auf nichts als auf einem Brief des Alstedter Schössers Zeys an Spalatin vom 22. Februar 1525, f. (E. S. Cyprian, D. andere Theil nützl. Urkunden z. Erläuterung d. ersten Reformat. Gesch. Leipzig 1718, S. 339: "Unnd fug euch wissen, das thomas Münzer zu fulda gewest, doselbst Im Torm etliche Zeit gelegen unnd der abt hat zu arnstedt uff des von schwartzpurgks Wirtschafft gesagt wie he gewost, das es thomas münzer gewest, er wolt Jn uit ledig geben haben. Unnd das gerücht gehet, er sey widr zu molhaußen." Hierauf will man stützen, daß Münzer auf seiner Rückreise aus Süddeutschland in Fulda diesen unfreiwilligen Aufenthalt gemacht habe. Doch glaube ich nicht, daß dies namentlich der Mühlhäuser Chronik gegenüber angeht; möglich, daß dies doch ein Irrthum des Abtes gewesen. Das "Urkundlich" bei Zimmermann schließt die Nachricht der Chronik nicht aus. Beides kann nebeneinander bestehen.

esse. In diese Zeit fällt seine engere Verbindung mit Münzer, in dessen Leben er bedeutend eingegriffen hat, ja den er, wenn wir Stephan Glauben schenken (Anzeige, betr. die Reformations-Geschichte v. Mühlhausen ꝛc. 1842. S. 4. 5. 7.) jetzt und später bei Weitem überragt. Für jetzt aber wurden beide, und zwar diesmal auf mehrere Monate, von der nochmals siegenden Partei des Rathes in's Exil getrieben; 27. September 1524. Münzer wandte sich zunächst nach Franken. Es ist gewiß, daß er in Nürnberg sich aufgehalten und hier jene leidenschaftliche Invektive gegen Luther zum Druck gebracht hat: „Hochverursachte Schutzrede und antwort wider das Gaistloße Sanfftlebende fleysch zu Wittenberg" ꝛc., welche mit den Worten schließt: „Das Volk wird frei werden und Gott will allein der Herr darüber sein." Dem Drucker trug diese Schrift das „Lochgefängniß" ein, und Münzer wurde auch aus Nürnberg verjagt. Es wird vermuthet, daß Pfeiffer in Nürnberg noch bei ihm gewesen sei. Martin Reinhard und Heinrich Schwerdfisch werden als seine Anhänger daselbst bezeichnet. Da nun für Pfeiffer auch der Name „Schwerdfeger" vorkommt, so meint man, die Namen seien hier verwechselt und unter „Schwerdfisch" verberge sich Pfeifer.[1]) Ja in Müllners geschriebenen Annalen (s. Will. Beyträge z. fränkischen Kirchen-Historie, Nürnberg 1770, S. 47) heißt es von eben diesem Schwerdfisch, es sei landkundig, daß er **neben den T. Münzer zu Mülhausen ... nur Aufruhr verursachet!"** Wie dies auch sei, — dafür, daß Pfeiffer auch nach Münzers Vertreibung aus Nürnberg ihn auf seinen Wanderungen begleitet habe, fehlt selbst jede Andeutung; im Gegentheil scheint Pfeiffer eher als sein Genosse in die Gegend von Mühlhausen zurückgekehrt zu sein, wenn beide auch ihren Einzug daselbst gleichzeitig, am 13. December 1524 vollzogen.[2])

Münzer aber wandte sich nach Südwesten, in jene Gegenden, deren damaliger Zustand seinen Plänen nur günstig sein konnte, und den es daher nöthig sein wird, kurz zu beschreiben.[3]) Es war in der südwestlichen

---

1) Cyprian im Catal. Codd. MS. Bibl. Goth. p. 63 führt an: „Osiandri Schreiben wider Heinrich Schwerdfegers aufrührische buchlein 1524." Für die Identität von Pfeifer und Schwerdfeger s. Altenburg, Mülhäusner Chronik S. 321; leider war mir d. Buch nicht zur Hand, s. auch die folgende Anm.

2) In dem cit. Brief des Schössers Zeys (Cyprian Ref. Urk. II, 340) kommen die weiteren Worte vor:

„Unnd nachdem der pfeiffer mit Müntzern, wie ir villeicht gehört, vom rat vertrieben unnd do sie zu Nurnberg geweft unnd außgeweft, ist pfeyffer widerkomen unnd hat sich In der von molhaußen Dorffere beworben unnd beclagt" u. s. w.

3) Die Quellen s. b. Geschichte dieser Anfänge des Bauernkrieges, soweit sie nicht urkundlich sind, s. bes. in Mone, Quellensammlg. d. badischen Landesgeschichte II, S. 43—133 namentlich die so wichtige Billinger Chronik S. 60—118. Von modernen Schriftstellern sind mir besonders nützlich gewesen: Gerbert, Historia Ni-

Ecke des heutigen Baden, um die Ausläufer des Schwarzwaldes, an der Grenze der Eidgenossenschaft, da schon mehrere Monate vor Münzers Ankunft überhaupt die ersten Regungen des Bauernaufstandes sich zeigten. Seine Wiege war die Landgrafschaft Stühlingen im Hegau, die unter der Herrschaft des gräflichen Hauses von Lupfen stand.[1]) Um Johannis (24. Juni 1524,[2]) empören sich die Bauern dieses Gebiets, der Ueberlieferung nach, die hier wie oft den tieferen Grund und den zufälligen Anlaß verwechselt, aus Unmuth über die Forderung der Gräfin, ihr Schneckenhäuschen zum Garnwinden zu sammeln. Wie weit diese Bewegung unter den umwohnenden Bauerschaften bis zum 24. August angewachsen ist, vermag ich hier im Einzelnen nicht darzulegen, an diesem Tage aber gab die Betheiligung der österreichischen Stadt Waldshut, in welche eben am 24. August Hans Müller von Bulgenbach mit 1200 Bauern einzog, dem Aufstand einen bedeutenderen und anderen Charakter.

Inzwischen wendet sich Graf Siegmund von Lupfen um Hülfe an die österreichische Regierung, die wegen ihrer zahlreichen Besitzungen in diesen Gegenden besonders bei der Dämpfung des Aufstandes interessirt war; und auch vom schwäbischen Bund, welcher beim Fortgang des Aufruhrs den vertriebenen Herzog Ulrich von Würtemberg zu fürchten hatte, konnte er Beistand erwarten. Aber die gütliche Unterhandlung mit den Bauern zerschlägt sich und man denkt daher an den Angriff. Zu dem Ende versammelt sich ein Ausschuß der drei österreichischen Regierungen zu Innsbruck, Stuttgart und Ensisheim mit dem Grafen von Lupfen in Radolfzell, 3. Sept., läßt sich aber doch bewegen, durch eine Kommission noch in Schaffhausen mit den Bauern zu unterhandeln.[3]) Der Verlauf dieser Unterhandlungen, die doch kein Definitivum schaffen konnten, kann hier nicht erörtert werden, aber was gesagt werden muß ist, daß nun zu Anfang Oktober auch die Bauern aus dem übrigen Hegau, jenem Strich Landes zwischen Rhein, Donau und Bodensee[4]) sich der Empörung anschlossen. Zu Hilzingen beim Hohentwiel wählten sie Hans Maurer von Mühlhausen, der sich später: „oberster des ganzen hegowschen und Schwarzwäldischen huffen nannte"[5]).

---

grae Silvae II p. 316 seq. Walchner, Radolfzell, S. 89 ff. Vierordt, Geschichte d. evang. Kirche in Baden I, 195 ff. Zimmermann, I, Cap. 9. 12. 13. 15.
 1) Schreiber, Bauernkrieg 1524, Urk. VII S. 7: „Der Grafen von Lupfen Unterthanen zu der Herrschaft Stühlingen im Hegau gelegen."
 2) Villinger Chronik, S. 90: „Anno 1524 ungefährlich umb Johannis 2c.
 3) Schreiber, Bauernkrieg 1524, S. 21, Urk. XIX.
 4) Für die geographischen Angaben sind benutzt: Münsters Cosmographie. Juncker, Anleitung z. d. Geographie d. mittleren Zeiten 1712. M. Banuer, Geschichte des Klettgaus 2c. Hamburg, O. Meißner, 1857.
 5) So Walchner, Radolfzell 293, Beil. 7. Man kann auf diese Bezeichnungen nicht viel geben, da sie inkonsequent sind. So heißt Maurer auch nur „Obrister des

zum Hauptmann, 2. Okt. Noch hielten die Bauern des Klettgaus, der südlich von Stühlingen am Ende des Schwarzwaldes zwischen Wutach und Rhein von Schaffhausen bis gegen Waldshut sich ausdehnte, sich ruhig. Sie standen größtentheils unter der Herrschaft des Grafen Rudolf von Sulz, der die Eigenschaften eines Zürcher Bürgers und obersten Regenten der österreichischen Regierung zu Innsbruck in sich vereinte. Bald aber änderte sich auch hier die Gesinnung der Bauern. Eben um diese Zeit, gegen Mitte Oktober muß nach meiner oben gegebenen Entwicklung über die Chronologie (S. 32 Anm.) Thomas Münzer, sei es durch eine richtige Ahnung der hier im Stillen wachsenden Gährung bestimmt, sei es über den Zustand dieser Gaue benachrichtigt, in eben diese Gegenden gelangt sein. Er kam von Basel erst hierher, da er in dieser Stadt bei Oekolampad, dem selbst Vertriebenen, kurze Zeit gastliche Aufnahme gefunden hatte.[1] Er begab sich in die Klettgauische Ortschaft Griessen (Grießheim), die recht mitten im Heerde der noch glimmenden Empörung gelegen war, von Stühlingen und Waldshut ziemlich gleichweit entfernt.[2] Seine Thätigkeit, soweit sie ein Ausfluß seiner religiösen Ansichten war, und seine Bemühungen, auch hier für die wiedertäuferische Lehre Propaganda zu machen, dies kann an dieser Stelle nicht beschrieben werden.[3] Es kommt darauf an, Münzer in Süddeutschland als politischen Agitator, als Bahnbrecher für das Jahr 1525 zu betrachten. Die Quellen äußern sich über diesen Punkt ziemlich dunkel[4], gewiß, weil auch Münzers Handeln weniger in auffallenden Thatsachen hervortrat, als in jener allgemeinen stets wiederholten Anwendung der gesammten Mittel, durch die eine Masse

---

begowischen Hauffen"; Schreiber, Der deutsche Bauernkrieg 1525, S. 117 und jener schon erwähnte Hans Müller von Bulgenbach hat gewöhnlich die Ehre, den Namen eines Obersten des schwarzwäldischen Haufens zu tragen, nimmt auch eine weit bedeutendere Stellung ein als Maurer, s. unten Abschnitt 10.

1) Melanchthons „histori Thome Muntzers" wieder gänzlich mangelhaft: „Der rabt zu Nurenberg jagt yhn zeitlich aus der stat, da went er sich, und zog wider ynn Doringen gen Mulhausen" ꝛc. Mir unbegreiflich läßt Heyd, Ulrich v. Würtemberg II, 156 Münzer vom Elsassischen Mühlhausen kommen! Ueber den Aufenthalt in Basel s. auch Pirkheimers Brief an Oekolampad, dessen Antwort in Pirkheimeri opera ed. Goldast, Francof. ad M. 1610. fol. 307.

2) H. Bullinger, Der Widertöufferen ursprung, fürgang, Secten ꝛc. Zürych, C. Froschouer im Mertzen Anno MD.LIX. fol. 2: „er ward von Alstetten vertriben, joch deßhalb heruf uff Nürenberg, unnd in das Oberland, kam derselben reiß heruf durch Basel, biß in das Klädgäuw, gen Griessen, da er sich etlich wuchen enthielt, doch mit hinzu an die anstoßenden ort, und in die Landgraffschaft Stüllingen auch handlet, unnd sinen gifftigen samen, der bald hienachvolgender püriſcher uſrur in die unrüwigen ufrürigen hertzen pflantzet."

3) S. Schreiber, Taschenbuch ꝛc, II S. 170 ff.

4) S. Anm. 2, ferner H. Bullinger, Reformationsgeschichte I S. 224: „Münzter ließ sich auch gen Griessen und baumm, redt und handlet so vil, das dises Jars, imm November, die pursammt under den graven von Luppfsen und Sultz imm Kläd-

zu einem bestimmten Zweck bearbeitet werden kann.¹) Sicher ist er nicht in Griessen ruhig sitzen geblieben, hat sich in den angrenzenden Flecken und Dörfern häufig gezeigt, geschürt, wo er nur einen Funken glimmen sah, durch Wort und Schrift in seiner bekannten wilden, fast cynischen Weise zum Widerstand, zum Aufstand gegen die Tyrannei weltlicher und geistlicher Obrigkeit aufgefordert: „Ach Gott, die Bauren sind arbeitselige Leut', sie haben ihr Leben mit der ganz sauren Nahrung zugebracht, auf daß sie den erzgottlosen Tyrannen den Hals gefüllt haben".²) . . . „Da muß das Große dem Kleinen weichen und vor ihm zu Schanden werden. Ach wüßten das die armen verworfnen Bauren, es wäre ihnen gar nützlich."³) Dies und Aehnliches war das Thema, das er in seinen früheren Schriften in wechselnden Formen ausgeführt hatte, dies wird es auch gewesen sein, das er hier die dafür empfängliche Masse hören ließ. Man wird den Erfolg seiner Bemühungen darin zusammenfassen können, daß er, wie überall zur offenen Empörung aufgefordert, so besonders die Bauern im Klettgau, dem ihm zunächst liegenden Gebiet⁴), das, wie schon gesagt, bis dahin dem Aufruhr nichts weniger als zugeneigt war, aufgewiegelt und den Plänen ihrer Nachbarn geneigt gemacht hat. ⁵) Daß durch ihn erst das religiöse Moment in diese anfangs nur politische Bewegung hineingeworfen sei, scheint Vierordt zu behaupten; es wird darüber noch besonders zu handeln sein.

Acht Wochen ungefähr hat er hier sein Wesen getrieben⁶), dann wandte er sich wieder dem Norden zu. Doch behielt er die Dinge in

---

göw, und daumm, sich anhůb, embörten und bedlagen der großen beschwärdten damitt sy undergedruckt. Denn Müntzer hat vil gedäpperet von der erlösung Israels, und die gründ des grusammen uffrůrs gelegt, der erst rächt angieng imm nachwolgenden 1525. iar." Soweit dies auf die Unterthanen des Grafen von Lupfen geht, ist es falsch. Diese waren, wie gezeigt, schon vor Münzers Ankunft aufsässig. Nur mit Beziehung darauf konnte Münzer in seinem Bekenntniß sagen: „Im Clegkau und Hegau bei Basell . . dye entporunge habe er des orths nit gemacht, sondern seyn bereyth uffgestanden gewest."
1) Gut faßt dies Gerbert, historia silvae nigrae II, 316 in die Worte zusammen: Advenit anno 1524 Muncerus in terras nostras obtentu evangelii, libertatisque christianae, famosum per varias Germaniae provincias bellum rusticum sufflaminans.
2) T. Münzer, Aussgetrückte emplössung etc. C. II.
3) T. Münzer, Aussgetrückte emplössung des falschen glaubens etc. Mühlhausen MD.XXIIII. C. III. Aehnliche Stellen ließen sich anführen aus Münzer, Hochverursachte Schutzrede ꝛc., Außlegung des andern unterschyds Danielis u. s. w.
4) Des Cochlaeus durch nichts gerechtfertigte und allein stehende Behauptung, Münzer sei auch im Tyrolischen Hall gewesen (Comment. de actis et scriptis M. Lutheri 1549 p. 108.) wird eine Verwechselung damit sein, daß er, seinem eignen Bekenntniß nach, in der Jugend in Halle gelebt hat.
5) Ott, Annales anabaptist.: »Idem Muncerus mense Novembri tantum apud Cletgovienses rusticos effecit, ut tumultuare contra dominos occiperent.«
6) Bullinger, D. Widertäufferen ursprung ꝛc. fol. 2: „Dann als er by acht wuchen zu Griessen gewesen was," ꝛc., s. auch oben S. 32 Anm. 3.

Schwaben wohl im Auge¹), ja blieb mit seinen dort gewonnenen Freunden in direkter Verbindung. Auch wird behauptet, viele seiner Emissäre seien in Süddeutschland zurückgeblieben, so namentlich auch jener schon erwähnte Johannes Maurer, der „Oberste des hegauischen Haufens". Von diesem scheint es mir nicht erwiesen; denn wenn als seine Heimat auch Mühlhausen genannt wird²), so steht doch nicht fest, daß dies das Thüringische ist, und dann tritt er, wie schon gesagt, bereits Anfang Oktober unter den Aufrührern auf (S. 34), also zu einer Zeit, da Münzer nach meiner Annahme noch gar nicht in Süddeutschland erschienen war. Aber wie auch immer bewerkstelligt, eine Verbindung zwischen dem Aufruhr in Schwaben und dem Aufruhr um Mühlhausen blieb bestehen. In Briefen an seine Freunde „hetzte und zündete Münzer unruhige Leute" gegen ihre Obrigkeit an. Er sandte durch Boten in diese Gegenden aufgezeichnete Muster der Geschosse, welche er hatte gießen lassen, wohl um so auch ihren Muth zu gleicher Rührigkeit anzufeuern.³) Ja in seinem Brief an die Mansfeldischen Bergleute beruft er sich gerade, allerdings in enormer Uebertreibung, auf den Aufstand im Hegau und Klettgau, wenn er schreibt⁴): „Die Bauern zu Klegau, im Hegau und Schwarzwald sind auf als 300,000 stark, und wird der Haufe je länger je größer. Allein ist das meine Sorge, daß die närrischen Menschen sich verwilligen in einen falschen Vertrag darum, daß sie den Schaden noch nicht erkennen." Das Gesagte mag genügen, um Münzers Beziehungen zu Süddeutschland darzulegen, es war aber nöthig, weil, wie aus dem Vorangegangenen schon klar sein und noch später näher zu begründen sein wird, Süddeutschland und nicht Norddeutschland der Boden gewesen, von dem die zwölf Artikel ausgegangen sind, und man den Versuch Münzer zu ihrem Verfasser zu

---

1) Zimmermann, I, S. 420 behauptet die Schrift: „An die Versammlung gemeiner Pawerschaft ꝛc. allerdings im Münzerschen Geist abgefaßt, sei von ihm auf der Rückreise im Hinblick auf die Süddeutschen Verhältnisse geschrieben. Ich kenne den Autor dieses Libells nicht, aber auch keine Gründe, daß es Münzer sei. Seine Biographen schweigen gleichfalls darüber, ebenso Strobel, Beiträge II, 1 S. 44. („Der unbekannte Verfasser" ꝛc.) und Panzer, Annalen II No. 2748.
2) Walchner, Radolfzell. Beil. 7. S. 293.
3) H. Bullinger, D. Widertäufferen ursprung ꝛc. fol. 2.: „Und als er glychwol hieoben in biser gägne nit mer was, sunder sich widerumm herab in Thüringen gethon, und zu Mühlhusen wonet, schreiber doch brieff sinen vertruwten hăruf, mit denen er ymmerdor unrüwige lüt anzündt und hatzt wider ire herren und oberen. Und nit unlang vor dem ußbruch der pürischen ufrur, der in der Landgraffschafft unnd barumb sich erhub, schickt er einen botten herumb mit brieffen, unnd auch mit zablen, in welche er hatt lassen verzeichnen die kreiß und größe der kuglen deß geschützes, das zu Mülhusen zu der ufrur schon gegossen was: starckt damit unnb tröst die unrüwigen."
4) Strobel, Leben Münzers, S. 94, nach Eyn Schrecklich geschichte und gericht Gottes uber Thomas Müntzer etc. Mar. Luther. 1525, a. a. Luthers Werke, Walch XVI, 150.

stempeln, von vornherein zurückweisen dürfte, wüßte man nichts von seinem Treiben eben in den südlichen Theilen Deutschlands und seinen Beziehungen zu den dortigen Aufständischen. Der erste, von dem ich diesen Versuch gemacht sehe, ist H. P. Haarer[1]) in seiner: „Eigentlichen Warhafftigen Beschreibung des Baurenkrieges". Nach einer drastischen Schilderung des Satans, dem solche Handlungen, wie der Baurenkrieg, wohlgefällig gewesen, sagt er weiter: „Der Satan ... bracht' zu Wegen, daß durch etliche seine anhängende Diener ... under dem Schein deß H. Evangelji ... etliche uffrürische Artickel, merenteils auff die Freyheit deß Fleischs gericht, allenthalben Teutscher Nation außgebreitet worden, welche meines Erachtens von einem verkehrten Mann, zu Mülhausen in Türingen, Thomas Müntzern, ursprünglichen hergeflossen, wie dann derselb zu jeder Zeit bey den Hauffen durch sein Botschaft die fürnemste Practick und anschläg dieser Sedition gewesen, und zum Werk gericht" u. s. w. Daß hier von den zwölf Artikeln die Rede ist, kann nicht geläugnet werden, die Angabe, daß diese Artikel größtentheils auf die Freiheit des Fleisches unterm Schein des Evangeliums gerichtet gewesen und allenthalben in Deutscher Nation ausgebreitet worden, machen es unzweifelhaft. Nicht ganz klar ist, wie sich Haarer den Hergang gedacht hat, ob er meint, daß Münzer von Mühlhausen aus etwa durch Boten diese Artikel nach dem Ort habe bringen lassen, von wo aus sie in die Welt gingen, oder ob er selbst sie gerade hier verfaßt habe; doch scheint das erste. Leodius[2]) und namentlich Gnobal[3]) sprechen sich deutlicher

---

1) Bei dem Verhältnis der drei Historiker des Bauernkrieges Haarer (lat. Crinitus) Gnobal und Leobius, nach dem der Deutsche Haarer der ursprüngliche ist, Leobius nur ein etwas veränderter Crinitus und Gnobal mit einigen anderswoher entlehnten Nachrichten eine Uebersetzung des Deutschen Haarer, ist im Grunde nur dieser von bedeutendem Werth, doch sollen der Vollständigkeit wegen auch die anderen benutzt werden, s. Ranke, Deutschland im Ref.-Zeitalter. 1847. VI S. 9S. Die hier citirte Stelle steht in Cap. 10: „Wie und welcher Gestalt sich dies Uebel erweitert." ... Der Deutsche Haarer erschien einzeln in Frankfurt 1625 im Verlag von Johann Ammon. gr. 8. steht auch in J. H. D. Goebel, Beiträge zur Staatsgeschichte v. Europa unter Kaiser Karl V. Lemgo, Meyer. 1767.
2) Leodius, Historia seditionis rusticanae, abgedruckt in Freher, Rerum German. Scriptores: III p. 253: Instructis itaque suac farinac ... ministris qui sacrosancti Evangelii praefigentes titulum summique boni prae se ferentes imaginem, seditiosa ad numerum 12 edidere et per Germaniam disparsere pronunciata ... ab Thoma Munstero (sic!) Thuringo e Mulhusen quantum conjecturis possumus assequi. Deprehensa etenim crebros ad seditiosos rusticos habuisse internuncios, unde illi haec si cui maxime adscribendum censeo .... Hinc coire undique coeptum conventiculaque vicatim habere, dicere advenisse tempus libertatis recuperandae etc. ...
3) Gnodalius, Sedit. repent. etc.: „Diabolus ... animos impulit ut in hujusmodi anni vere primo sub praetextu SS. evangelii postulata quaedam libertatis carnis et depravatae voluntati humanae magis quam Divini numinis

über diesen Punkt aus. Der Letztere sagt klar genug, die zwölf Artikel seien von Oberdeutschland ausgegangen, aber von dem damals zu Mühlhausen seßhaften Münzer durch Boten den Bauern mitgetheilt. Es soll durchaus nicht geläugnet werden, daß eine solche planvolle Uebermittlung dieses Manifestes irgendwie stattgefunden habe, wiewohl es natürlicher wäre, wenn man Münzer zu seinem Verfasser machen will, seinen Aufenthalt in Süddeutschland hiezu heranzuziehen, aber ich glaube, daß diese ganze Annahme auf schwachen Füßen steht. Leodius sagt, das Ganze sei eine Konjektur. Gnodal bemerkt zwar, er habe es gehört, und viele andre versicherten dasselbe, aber ich glaube, diese „vielen andern", ausgenommen die etwa mündlich ihre Ansicht geäußert haben mögen, lassen sich auf Haarer zurückführen, die einzig originale Quelle von diesen drei Schriftstellern. Haarer nun ist zwar ein Zeitgenosse der von ihm geschilderten Ereignisse, aber einmal ist er vorzüglich kompetent nur, wo es sich um Pfälzische Angelegenheiten handelt, und dann äußert er über Münzers Autorschaft lediglich seine Privatansicht, die sich auf keine officielle Angabe stützt. — Zwar könnte man zur Unterstützung heranziehen, daß die Reformatoren den Verfasser der zwölf Artikel mit Ausdrücken beehren, die sie oft genug gerade auf Münzer angewandt haben. So sagt Luther[1]: „Derjenige, so eure Artikel gestellt hat . . . wird ein rottischer Prophet etwa sein, der seinen Muthwillen durch euch an dem Evangelio sucht, dem wolle Gott wehren und euch vor ihm behüten." Ebenso äußert er sich[2]: „Es helfen euch nicht die Capitel der Schrift, so euer Lugenprediger und falscher Prophet an den Rand geschmieret hat." „Ich kenne die falschen Propheten unter euch wohl; gehorchet ihnen nicht, sie verführen euch wahrlich."[3] Nicht anders meint Melanchthon von dem Autor der zwölf Artikel[4]: „Ob aber solche lügen aus Gott, oder aus dem teuffel sey, ist wol zu ermessen; denn es sind greulich lügen die schrifft also felschlich anziehn." Aber damit ließe sich Vieles beweisen, da solche und ähnliche Ausdrücke, wie: „grober Teufel, Prophet (ironisch!), Schwär-

---

cultui verboque Dei consona in superiore Germania divulgarent. Quae quidem, ut ego intellexi, et alii multi affirmare non dubitaverunt a Thoma Muntzero tunc quidem in Thuringia Mulhusii degente sed per emissarios suos hinc inde callida consilia tumultuantibus Rusticis suggerente concinata fuere etc.
1) Ermahnung zum Frieden ꝛc. Walch, XVI S. 80. Erlanger Ausg. Bd. 24 S. 277.
2) Verlegung der 12 Artikel ꝛc. Walch, XVI S. 85. Erlang. Ausg. Bd. 24 S. 281.
3) Eodem loco p. 87. Erl. Ausg. Bd. 24. S. 283.
4) Walch, XVI S. 43. Corp. Reform. XX S. 651.

mer" u. a. m. auf Männer wie Karlstadt, Häzer, Huth, Balthasar Hubmaier und andere außer Münzer, eben von den Wittenbergern und zumal von Luther in seiner kräftigen Art häufig angewandt werden.¹) Auch ist schon gezeigt, daß wenn die Wittenberger den Verfasser der zwölf Artikel überhaupt mit einem Namen belegen, dies der Schappelers ist f. o. S. 16. 17. Ebensowenig vermag in meinen Augen für Münzer jenes Motto zu sprechen, welches einige Exemplare der zwölf Artikel tragen (A. B. C. vgl. S. 12.) Die darin ausgedrückte Idee ist nicht neu, zumal in dieser Zeit ihm nicht eigen, sondern auch sonst in anderer Form ausgesprochen. So erinnere ich an den in mancher Chronik verzeichneten Spruch: „Wer im 1523. Jahr nicht stirbt, im 1524. nicht im Wasser verdirbt, und 1525 nicht wird erschlagen, der mag wohl von Wundern sagen."²) Endlich, und das ist die Hauptsache, von Vielen ist mit Recht hervorgehoben, daß Münzers Art zu reden und die Sprache der zwölf Artikel so gänzlich entgegengesetzt sind, daß es unmöglich ist, anzunehmen, sie seien direkt aus seiner Feder geflossen.³) Er selbst fanatisch, wild, überspannt, die Artikel ruhig, gemessen, den Verhältnissen durchaus gemäß: das Beides kann nicht in Einklang gebracht werden. Dennoch hat auch später noch die von Haarer aufgebrachte Ansicht Beifall gefunden. So scheint noch Arnold Meschovius 1617 Münzers Autorschaft für sicher zu halten⁴), und man kann vielleicht sagen, daß, was das Urtheil der Nachwelt betrifft, Münzer der gefährlichste Konkurrent Schappelers gewesen ist.

Auf einem ganz anderen Wege hat man in neuerer Zeit Münzer mit den zwölf Artikeln in Zusammenhang bringen wollen, auf einem Wege, der zu gleicher Zeit zwei Vortheile in sich vereinen sollte, einmal, das Bedenken wegzuräumen, daß die gemäßigte Sprache der Artikel seine Autorschaft nicht verstatte, und dann seinen Aufenthalt in Süddeutschland zur Lösung dieser Frage zu benutzen. Man will nicht gerade Münzern die Abfassung, sondern diese seinem Mühlhäuser Genossen Heinrich Pfeiffer (f. S. 32. 33), die Verschleppung des Aktenstücks nach Süddeutschland aber, je nachdem beiden oder nur Münzer zuschreiben. Stephan sagt⁵): „In

---

1) Beispielshalber citire ich Luthers Briefe, herausgegeben von DeWette II S. 577.
2) Zimmermann, I, 242.
3) So besonders Bensen 65, Jörg 181 Anm. Zimmermann, I, 416.
4) Arnold. Meschovius, Lipsiensis. Historiae Anabaptisticae libri septem. Coloniae MDCXVII p. 7: Nach Aufzählung der 12 Artikel sagt er: Hae sunt causae, quibus adducti agricolae Muncerum unice tuendum susceperant, quas in articulos redactos Principibus postea admiscrant. Bucholtz, Geschichte der Regierung Ferdinand I. sagt II S. 130, indem er von Münzer spricht: „Die 12 Artikel der oberschwäbischen Bauern sind wohl nur in wenigen Stücken und Grundlinien von ihm, welche einige dem Prediger Christoph Staffer (sic) zu Memmingen zugeschrieben."
5) Anzeige betr. die Reformationsgeschichte Mühlhausens S. 4.

diese Zeit fällt Münzers Aufenthalt in Franken und Schwaben. Wahrscheinlich, daß Pfeiffer mit ihm dort war. Pfeiffer will und kann von seinem Ziele nicht ablassen. War er vielleicht weniger beredt, als Münzer, so ist ihm dessen feuriger Redestrom erwünschtes Werkzeug gewesen. Dagegen mag, wo Münzer mit Gründen geschrieben, Pfeiffers Feder ihm gedient haben. Es sprechen Gründe dafür, daß Pfeiffer der eigentliche Verfasser der bekannten zwölf Artikel des schwäbischen Bauernkrieges ist. Bevor dieser Krieg ausbrach, haben die mülhäusischen Bauern dem Rathe zwölf Artikel, und soviel ist gewiß, ähnlichen Inhalts übergeben." Es ist sehr zu bedauern, daß dieser eifrige Forscher seine Gründe nicht näher ausgeführt hat, da aber die von ihm gesammelten Materialien auf Zimmermann übergegangen sind, und dieser auch der Erbe seiner Ansicht über Pfeiffers Verhältniß zu den zwölf Artikeln geworden, so wird man, ohne den eigenen Forschungen dieses Gelehrten zu nahe zu treten, Stephans sachliche Gründe wenigstens auch in seine Darstellung verflochten zu sehen hoffen dürfen.[1] In der That ist bei ihm dieselbe Ansicht näher begründet zu finden. Als er erwähnt, daß Pfeiffer im August 1524 auch die Bauern des Mühlhäuser Gebiets in seine Pläne hineingezogen hat, und diese mit Freuden die Gelegenheit ergreifen, eine Verbesserung ihres Zustandes zu versuchen, führt er fort[2]:

„Sie (die Bauern Mühlhausens) übergaben dem Rathe zwölf Artikel, die ihnen Pfeiffer verfaßt hatte. Diese zwölf Artikel haben sich bisjetzt weder in Urschrift noch Abschrift im Mühlhäuser Archive vorgefunden. Ohne Zweifel sind es dieselben, unter welchen Thomas Münzer nachher seinen Heerhaufen bei Frankenhausen versammelte. Diese Artikel der christlichen Versammlung in Frankenhausen verlangten: „Alle Aecker, Weinberge und Wiesen, die der Kirche zugehören, alle Klostergüter sollen verkauft und den gesetzlichen Abgaben unterworfen werden" ꝛc. Am Schluß: „Der Rath der Stadt solle von der Bürgerschaft erwählt und bestätigt werden" ꝛc. „Dieser letzte Artikel weist unzweifelhaft darauf hin, daß das die zwölf Artikel Pfeiffers für seine Mühlhäuser waren. (?!) Pfeiffers Artikel sind wohl das Urbild für die berühmten Artikel der Oberschwaben: Pfeiffer selbst mit Münzer brachte sie nach Oberschwaben."[3] Soweit Zimmer-

---

[1] Zimmermanns Vorrede zur zweiten Auflage XIII ferner I S. 190.
[2] I S. 195.
[3] S. 416 meint Zimmermann: „Durch Münzer (also ohne Pfeiffer) konnen sie an die Donau gekommen sein." Die Frankenhäuser Art., welche Z. meint, sind sicher die im Chronicon Schwarzburgicum Germanic. S. 648 abgedruckten, s. Schoettgen und Kreyssig, Diplomataria et Scriptores Historiae German. Med. Aevi, Zimmermann aber giebt sie unvollständig und scheint nicht aus der Quelle geschöpft zu haben.

mann. Hiegegen ist zunächst zu bemerken, daß die Annahme, Pfeiffer selbst habe seine Mühlhäuser Artikel, sie mögen nun das gewünschte „Urbild" gewesen sein oder nicht, nach Oberschwaben gebracht, auf gar nichts beruht. Es ist schon gesagt (S. 33), daß Pfeiffers Spuren bis Nürnberg vielleicht gezeigt werden können, von da an aber erscheint Münzer allein, und er allein hätte also die Pfeifferschen zwölf Artikel mit sich führen und den Schwaben mittheilen müssen. Aber auch abgesehen hievon, dankt Pfeiffer die Ehre, die man ihm erweisen will, keiner nur irgend bestimmten Nachricht, sondern einer subjektiven und, wie ich glaube zeigen zu können, sehr luftigen Kombination. Zimmermann selbst sagt, daß die von Pfeiffer den Mühlhäusern verfaßten Artikel, die nach ihm als Urbild der bekannten zwölf gedient haben sollen, im Mühlhäuser Archiv nicht aufzufinden seien, und auch auf meine durch die Güte des Herrn Pfarrers Stephan zu Höngeda bei Mühlhausen vermittelte Anfrage habe ich die Antwort erhalten, daß sich über die fraglichen zwölf Artikel im Mühlhäuser Archiv noch nichts Näheres habe ermitteln lassen. Nun wird aber doch Jeder zugeben, daß beim Fehlen jeder unterstützenden Nachricht man mit den Pfeifferschen Artikeln nicht operiren kann, wenn man sie nicht in extenso oder doch dem Inhalt nach kennt und mit den bekannten zwölf vergleichen kann. Zimmermanns Annahme, die Pfeifferschen Artikel seien dieselben wie die, „unter denen Thomas Münzer seinen Heerhaufen bei Frankenhausen versammelte", ist eine bloße Vermuthung, und, was auch dieser Annahme, selbst wenn sie wahr wäre, allen Werth raubt, ist vor allem, daß die Artikel, welche er giebt, soweit man sehen kann, gar nicht von Münzer, sondern einfach von der Gemeinde zu Frankenhausen ausgehen, sodann aber, daß sie mit den zwölf Artikeln der ganzen Bauerschaft durchaus nicht stimmen, sondern sich als ganz örtliche und auch durch bedeutende Zusätze und Auslassungen von ihnen unterscheiden. Ein ungefähres Anklingen der Forderungen kann aber nicht genügen, um den Zusammenhang eines solchen Aktenstückes mit den zwölf Artikeln aller Bauerschaft zu erweisen, welchen Z. annimmt, denn, wie natürlich, der Inhalt der Forderungen ist zum Theil hier wie dort derselbe, die Form aber muß in Betracht gezogen werden, wenn ein solcher Zusammenhang beider, wie er zwischen Urbild und Abgeleitem Statt findet, gezeigt werden soll.[1] — Auch hat Zimmermann sich nicht lediglich hiebei begnügt, sondern eine Stelle von Münzers Bekenntnis herangezogen, die allerdings interessant

---

[1] Ich bin vielmehr geneigt anzunehmen, daß, wie andere örtliche Beschwerden, so auch die Artikel der Frankenhäuser Gemeinde von den 12 Art. beeinflußt sind. Besonders spricht mir dafür, daß jene auch das Recht, den Pfarrer zu wählen und zu

genug ist.¹) Ich muß diese wichtigen Worte genau nach dem Original hieherſetzen. Sie lauten in dem erſten der angeführten Exemplare: „Auß etlichen artigkeln so dye brueder bewogen dye Ime nit wißlich ſeyn, ſeyn dye zwelff artigkel der ſchwertzwelder baurn zum teyl geweſt und andere." In der zweiten Ausgabe: „Aus etlichen artickeln, ſo die brüder bewegt, die yhne nicht wißlich ſeyn, die zwelf artickel der ſchwertzwelder baurn geweſt und antern." Dieſe Worte nun, abgeſehen von der verſchiedenen Faſſung doch mit Zugrundelegung der erſten, faßt Zimmermann für ſeinen Zweck auf, indem er S. 416 ſagt: „In der Todesſtunde noch erklärte er, daß er der Verfaſſer der zwölf Artikel nicht ſei. . . . . Zugleich aber geſtand er auf wiederholte peinliche Frage, [die Frage iſt übrigens weder wiederholt noch peinlich], nach dem Verfaſſer: „Aus etlichen Artikeln" ꝛc. wie oben. „Es iſt möglich, daß er den Verfaſſer der Artikel, welche die Brüder ſo bewegten, auch auf der Folter verſchwieg, weil es vielleicht — Heinrich Pfeiffer war." Zuerſt wird man hier fragen dürfen, ob die zwölf Artikel der Schwarzwälder Bauern die berühmten zwölf ſeien; dies glaube ich allerdings; nicht allein wegen der Zahlenangabe, ſondern aus ſpäter zu entwickelnden anderen Gründen und weil Münzers Bekenntniß in dieſem Punkt auf andere Artikel gerichtet, als jene zwölf ohne rechten Sinn und Werth geweſen wäre. Eine andere Frage iſt aber, was unter den etlichen Artikeln zu verſtehen iſt, „ſo die brüder bewegt, die yhne nicht wißlich ſein" und aus denen, ſei es nun ganz oder zum Theil, jene zwölf beſtanden haben ſollen. Zunächſt laſſen ſich dieſe Worte ſehr verſchieden deuten und ſind ſehr verſchieden gedeutet worden: Zimmermann und Jörg S. 702 weichen ſo von einander ab, daß der erſte nach Münzers Worten „den Verfaſſer", der andere „die Artikel ſelbſt" ihm nicht bekannt ſein läßt. Strobel S. 72 überſetzt: „Artikel, ſo die Brüder bewegt, die ihnen (den Brüdern) nicht wißlich." Dies Letzte gewiß falſch, (auch ſteht in dem erſten Exemplare „Ime"), denn wie konnten die Brüder durch Artikel bewegt werden, die ſie nicht kannten? Nach meiner Anſicht könnte man ebenſogut die Worte ſo deuten: „Aus etlichen Artikeln, ſo diejenigen Brüder bewegt, die ihm nicht wißlich" vermuthlich weil er eben dieſe Brüder nicht nennen wollte, um ſie nicht zu kompromittiren, eine Deutung, für die ſich noch ſpäter ein Wort wird ſa-

---

entſetzen, faſt wörtlich mit den 12 Art. übereinſtimmend, für die Gemeinde in Anſpruch nehmen (f. o. S. 3 Anm. 1.)
1) Von Münzers Bekenntnis giebt es 2 Ausgaben, die von einander abweichen. Die eine nach dem für Herzog Georg von Sachſen gefertigten Exemplar ſeines Verhörs f. Seidemann S. 39 Anm. abgedruckt eben da Beil. 44 S. 152, die andere öfters gedruckt auch in Luthers Werken und beſonders als „Bekentnuß Thomas Munzers ꝛc. 1525."

gen laſſen.¹) In keinem Fall, man mag die Worte deuten wie man will, ſehe ich in ihnen eine Hinweiſung auf Pfeiffer.

Man iſt, wie mir ſcheint, darauf gekommen, weil man ſich unter den „Brüdern" die Mühlhäuſer gedacht hat²); allerdings geht unmittelbar vorher eine Angabe, die ſich auf Mühlhauſen bezieht und nur durch ein Komma von dieſer getrennt iſt, aber man weiß ja, daß die Interpunktion nicht die ſtarke Seite der damaligen Schriftſteller war, und darf dann auch nicht vergeſſen, daß wir es hier mit einem Geſtändnis zu thun haben, in welchem nicht ein Gedanke logiſch aus dem andern folgt wie in einer wohlgeſetzten Rede, ſondern in dem der Geſtehende die Sätze äußert, je nachdem pſychologiſcher oder körperlicher Zwang ſie ihm auspreßt. Ich könnte aus Münzers Bekenntnis noch Stellen genug anführen, die gar nicht aufeinander bezogen werden können, wiewohl ſie dicht hintereinander ſtehen und meine daher, daß unter den „Brüdern" bei Münzers ausgebreiteter Bekanntſchaft und den zahlreichen Mitgliedern ſeines „Bundes" recht wohl andere als die Mühlhäuſer verſtanden werden können.

Demnächſt iſt es eine andere Stelle aus Münzers Bekenntnis, die auch auf die zwölf Artikel und ſein Verhältnis zu ihnen iſt bezogen worden. Die Worte lauten getreu nach dem Original bei Seidemann: „Im Cleglau und Hegau bei Baſell habe er etliche artiglel whe man herrſchen ſoll aus dem Euangelio angeben, daraus furder andere³) artiglel gemacht, hetten Ine gern zu ſich genomen habe Jn aber des gedangkt⁴) dhe entporunge habe er des orths nit gemacht, ſondern ſeyn bereyth uffgeſtanden geweſt, Ecolampadius und Hugowaldus haben Jn des orths gewehſet zum Volgk zu pretigen, do er dan gepredigt, das doſelbſt, ungläubige regenten⁵), were auch ungläubigt volgk, das doſelbſt ehn rechtfertigunge geſcheen muſt." Auch hier hat ſchon die bloße Wort-Interpretation zu verſchiedenen Anſichten geführt. Schreiber⁶) meint: „Er habe einige Artikel aus dem Evangelium über die Art und Weiſe zu regieren

---

1) S. u. Abſchnitt 17.
2) Jörg, S. 702, kommt ſogar zu folgender Erklärung: „Während Münzer bei den von Pfeiffer .... eröffneten Raubzügen in die Umgegend (sc. v. Mühlhauſen) die klägliche Rolle eines überläſtigen Anhängſels ſpielte, ſo daß er nicht einmal von den Beſchwerde-Artikeln der plündernden Bauern Kunde erhielt."
3) Das andere Exemplar: „anber".
4) Hieraus macht Melanchthons Hiſtori Thome Muntzers CCIII: Er habe bekannt: „Er iſt auch in Schwaben gezogen yhr furnemen zu erfarn, aber er ſagt, es hat yhn yhr furnemen nicht gefallen, ſie hetten yhn auch nicht haben wollen."!
5) Das andere Exemplar: „das da ungl. R." ꝛc.
6) Taſchenbuch, II. S. 173.

niedergeschrieben (?), welche er später umgearbeitet habe." Ebenso hält Zimmermann¹) die Schrift: „An die Versammlung gemeiner Pauerschaft" die er Münzern zuschreibt, für eine wahrscheinliche Ueberarbeitung der früher aus dem Evangelium gestellten Artikel, wie man herrschen soll, allerdings damit sich selbst widersprechend; denn er versicht an andern Stellen²) die Ansicht, daß aus einem Entwurfe Münzers, der, künstlich genug, wieder auf den ursprünglich Pfeifferschen Artikeln ruhen soll, die zwölf berühmten Artikel von andern gemacht seien.

Alle diese mehr oder weniger unsicheren Vermuthungen brauchen, meine ich, gar nicht angestellt zu werden, indem, wie mir scheint, die citirten Worte gar nicht auf die zwölf Artikel gehen. Es ist hier wieder einer von den Fällen, wo das bloße Wort „Artikel" von dem Wunsche, den dunklen Schleier zu lüften, welcher auf dem Ursprung des berühmten Bauern=Programms ruht, zu rasch und voreilig eben auf die zwölf Artikel bezogen ist. Weiteres als dies eine Wort kann gar nicht dazu bestimmen, denn die nähere Charakteristik: „Artikel aus dem Evangelio, wie man herrschen solle" paßt auf die zwölf durchaus nicht. „Wie man herrschen solle" wollen diese nicht klarstellen, sondern was man von den Herrschenden fordern wolle. Dagegen bekommen diese Worte guten Sinn, wenn man sie im Zusammenhang mit dem Folgenden betrachtet, das sich, wie klar ist, auf dieselbe Zeit und denselben Ort bezieht. Danach hat Münzer gepredigt, daß, wo ungläubige Regenten, da sei auch ein ungläubiges Volk, und es müsse daher eine Rechtfertigung daselbst geschehen. Er hat also den „ungläubigen Regenten" einen Spiegel vorgehalten und wird sich dabei gewiß auch über die Kehrseite, wie man denn nach dem Evangelium herrschen solle, verbreitet haben. Dies stimmt auch ganz mit dem Inhalt seiner Schriften, denn darzulegen, wie man herrschen solle, und dies natürlich in Artikeln im weitesten Sinn des damaligen Gebrauches dieses Worts, war ein Lieblingsthema seiner Feder. „Sollt Ihr nun rechte Regenten sein, so müßt Ihr das Regiment bei der Wurzel anheben, und wie Christus befohlen hat."³) So und ähnlich auf das Evangelium zurückgehend suchte er nachzuweisen, wie man herrschen solle. Was aus diesen seinen in Süddeutschland gehaltenen Predigten und

---

1) I, 420.
2) I, 415. II, 106.
3) Auslegung des andern Unterschyds Danielis etc. Alstedt MDXXIV. Fol. Db, ähnliche Stellen in seiner „Schutzrede" und sonst. Heyd, Herzog Ulrich v. Württemberg II, 156 sagt, ich weiß nicht woher, „er predigte von der Erlösung Israels, der Nähe des tausendjährigen Reichs, der Tyrannei der Fürsten und sandte Tractätlein, die lehren, wie man herrschen soll."

Volksreden geworden, ob er, ob andere sie umgearbeitet haben, kann hier unberücksichtigt gelassen werden. Die zwölf Artikel werden dadurch nicht berührt.

So glaube ich gezeigt zu haben, daß Positives wenig für Münzer als Verfasser der zwölf Artikel spricht. Es hat ihn wohl mehr seine ganze Stellung, das Aufsehen, das er bei Mit- und Nachwelt machte, dazu erhoben, wenn nicht etwa noch besondere Gründe hinzukommen, die wenn nicht seine Autorschaft, so doch sein besonders nahes Verhältnis zum Autor beweisen.

VIII.
Johannes Fuchssteiner.

Alle die bis jetzt vorgeführten Männer, deren Feder man die zwölf Artikel hat zuschreiben wollen, haben mehr oder weniger in der großen Bewegung von 1525 unter und nicht über ihrer Kraft gestanden, getrieben von ihr, ohne sie zu leiten. Nur Münzer ist hievon auszunehmen, und wäre Zimmermanns Kombination richtig, daß, sei es durch ihn oder auch durch ihn und Pfeiffer, dessen Artikel planmäßig nach Süddeutschland verschleppt und dort als Grundlage der zwölf gebraucht worden, so würde allerdings gerade hierin das bewußte Streben zu finden sein, nach einer vorgezeichneten Richtung und einem gemeinsamen klar erkannten Zweck die Massen zu führen. Ganz unzweifelhaft trägt diesen bewußten und intriguenartigen Charakter die Thätigkeit eines vielumhergetriebenen und merkwürdigen Mannes, in welchem Jörg zuerst, und zwar mit triumphirender Gewißheit, den gesuchten Verfasser entdeckt zu haben geglaubt hat, des Johann von Fuchsstein. Dieser Mann stand zur Zeit des Bauernkrieges in Diensten des Herzogs Ulrich von Würtemberg, und es ist unerläßlich, um die Thätigkeit des Dieners zu schildern, die Schicksale des Herrn wenigstens anzudeuten.

Es ist bekannt[1]), daß Herzog Ulrich von Würtemberg 1519 vom Schwäbischen Bund, an dessen Spitze die bairischen Herzoge, Wilhelm und Ludwig, damals standen, aus seinen Landen vertrieben worden, und daß Würtemberg unter österreichische Verwaltung kam. Der Herzog wandte sich in die Schweiz, erschien klagend auf den eidgenössischen Tagsatzungen, knüpfte enge Beziehungen zum französischen König an, setzte

---
1) Für die Geschichte Herzog Ulrichs verweise ich auf Sattler, Geschichte der Herzöge v. Würtemberg. L. F. Heyd, Ulrich Herzog z. Würtemberg, Tübingen, Fues 1841. 2 Bde. H. Ulman, Fünf Jahre würtemb. Geschichte unter H. Ulrich. Leipzig, Hirzel 1867. Für die Zeit während des Bauernkrieges s. noch besonders Jörg, S. 157 ff. S. 172 ff.

sich in Verbindung mit böhmischen Herren, verhandelte sogar später mit
den nach Sickingens Fall flüchtigen Rittern von dessen Anhang, kurz ließ
es sich, durch das Unglück ungebeugt, wohl angelegen sein, überall Fäden
anzuknüpfen, wo er ein Entgegenkommen und Hülfe bei seinen nie aufge-
gebenen Restaurations-Plänen hoffen durfte. Vollends mußte der Ge-
ächtete seinen Feinden, also besonders Oesterreich und dem Bund, gefährlich scheinen, als es ihm gelungen war, mit Ueberlistung seiner Gegner
und zu ihrer großen Ueberraschung sich in Besitz der festen Burg Hohentwiel im Hegau zu setzen.[1]) Sonderbarer Wechsel der Schicksale! Er,
der 1514 in den Tagen des Glückes so viele Anhänger des „armen Konrad" von Haus und Hof in die Fremde, über die eidgenössischen Grenzen
verjagt hatte, suchte jetzt, ein Geächteter, gleichfalls in die Schweiz Ver-
triebener, den zum Aufruhr geneigten gemeinen Mann für seine Pläne zu
gewinnen, ja im Stillen gleichsam in seine Dienste zu nehmen[2]); und
von vornherein wird klar sein, daß die Lage seines Hauptwaffenplatzes,
Hohentwiel, in unmittelbarer Nähe jener Sitze, die, wie gezeigt worden,
der Heerd des Aufstandes gewesen, solche Vorsätze nur begünstigen konnte.
Schon 1522 versetzte ein Gerücht die österreichische Regierung zu Stuttgart in Schrecken: die Bauern von Hegau und anderen Orten umher
hätten einen „neuen Bundschuh" aufgeworfen, und Ulrich suche mit dessen
Hülfe wieder zu Land und Leuten zu kommen.[3])

Im Jahr 1524, eben zu der Zeit, als sich die Bauern um die Ausläufer des Schwarzwaldes herum wirklich erhoben hatten, gewannen diese
Nachrichten an Festigkeit. Schon den 1. Oktober 1524 wandte sich die
österreichische Regierung in Württemberg zu Stuttgart an den Schwäbischen Bund mit der Nachricht: „Herzog Ulrich sei in merklicher großer
Werbung, um Twiel mit weiterem Proviant zu versehen; er lasse etliche
große Büchsen gießen, er bewerbe sich anderwärts um Büchsen und Zeug,
er treibe große Praktik mit den ungehorsamen Bauern im Hegau, Stühlingen und auf dem Schwarzwald, die er ihm zu dienen und sich zu ihm
zu schlagen zu bewegen suche" u. s. w.[4]) Dies stimmte ganz mit den
Angaben des Vogts zu Göppingen, der im Namen des Statthalters und
der Räthe zu Stuttgart bei dem Rath der Reichsstadt Ulm gemeldet hatte,
die Bauern in Hegau seien mit Herzog Ulrich im Anschlag in Württem-

---
1) D. Nähere bei Walchner, Radolfzell S. 84 ff. Heyd, S. 137 ff.
2) S. auch Jörg, 31. Anm. 5.
3) Sattler, II. S. 96. Heyd, II. S. 166, Zimmermann, I, 264.
4) K. Klüpfel, Urkunden zur Geschichte des Schwäbischen Bundes in der Bi-
bliothek des liter. Vereins zu Stuttgart XXXI. S. 280.

berg einzufallen.¹) Zu den auf der Kirchweih von Hilzingen versammelten Bauern (2. Okt.) kamen 8 Reiter vom Hohentwiel herab, die sich mit ihnen in Unterredungen einließen, und Ulrich selbst begab sich in eigner Person zu den Hegauern und Klettgauern, zu andern sandte er Boten.²) „Der Herzog begehrt auch des göttlichen Rechts wie die meineidigen Bauern"³) schreibt Rudolf von Ehingen, den die Würtembergische Regierung mit Kriegsvolk auf Tuttlingen beordert hatte, und solche und ähnliche Nachrichten, welche das Streben Ulrichs, die Bauern für sich zu gewinnen, und seinen Erfolg darin, ganz unzweifelhaft machen, liefen im Laufe des Winters von 1524 auf 1525, von vielen und glaubwürdigen Seiten ein.⁴) Ueber die festen Verabredungen, die Ulrich mit jenem Hans Müller von Bulgenbach traf, soll erst später geredet werden; über seine weiteren Schicksale, und wie er im Februar und Anfangs März 1525 einen Versuch machte, sein Herzogthum wiederzuwinnen, bis in die Vorstädte von Stuttgart gelangte, aber, als die Kunde von Kaiser Karls Siege bei Pavia sich verbreitete, von den Schweizer Söldnern verlassen und wiederum genöthigt wurde, seiner Heimat den Rücken zu kehren, darüber ist hier im Einzelnen nicht zu handeln. Möge das Vorangegangene nur genügt haben, um sicher zu stellen, daß die aufrührischen Bauern ein wichtiger Faktor in Ulrichs Berechnung der ihm zu Gebote stehenden Streitkräfte gewesen sind.

Bei diesen Beziehungen Ulrichs zu den Bauern spielt die Rolle eines Unterhändlers der Ritter und Doktor Johann von Fuchsstein.⁵)

Johann von Fuchsstein, einem landsässigen Adelsgeschlecht der Pfalz entsprossen, der sich nach seinem Pfälzischen Lehen auch „zu Ebermannsdorf" schrieb, bekleidete eine Zeit lang die Stelle eines Kanzlers beim Pfalzgrafen Friedrich, dem nachherigen Kurfürsten Friedrich II. Ein glaubwürdiger Zeitgenosse schildert ihn als „sehr geschickt, aber dabei etwas

---

1) Ulmer Rathsprotocoll in d. Sammlung des Prälaten v. Schmid b. Zimmermann, I, 267, f. auch Schreiber, D. Deutsche Bauernkrieg, Jahr 1524, Urkunden (auch unter b. Titel: Urkundenb. b. Stadt Freiburg im Breisgau. Neue Folge). Urk. LII: Fürstlicher Ausschuß zu Engen an den Hofrath zu Inspruck, 23. Sept. 1524. Seite 83: „und traben seine Reuter allenthalb durch das Hegau". Auch sonst ist in diesem Schreiben und seinen Beilagen mehrfach von den „Praktiken" des Herzogs mit den Bauern die Rede.
2) Schreiben des Vogts zu Tuttlingen an die wirtemb. Regierung 12. Dec. 1524. Rudolf von Ehingen 10. Dec. 1524, f. Heyd, II. S. 162, f. auch die Urkunde aus Schreibers Bauernkrieg oben Anm. 1, f. auch Urk. LXIX.
3) 15. Dec. 1524, der Brief ist im Stuttgarter Staats-Archiv. Heyd, S. 161. Anm. 59.
4) S. z. B. die Nachrichten bei Zimmermann, I, 268.
5) Für seine Geschichte ist grundlegend Jörg, S. 172 ff.

verkehrten Gemüthes; bei ihm war das Recht und die Billigkeit um
Geld zu verkaufen, und wo er Gewinnst sah, konnte er's drehen, wie er
wollte. So hatte er auch dazu einen bösen Namen wegen Ehebruchs
und Hurerei und war gleichwohl beim Fürsten in Gnaden, dieweil er die
Laster mit der Zunge so meisterlich konnte verantworten und entschuldigen,
daß ihrer viel sich betrügen ließen, und ihn für einen ehrlichen Mann
hielten, das er doch nicht war."[1] Dieser wenig schmeichelhaften Charakteristik scheint sein Leben in Nürnberg, wo Friedrich als Präsident des
Reichsregiments, ihn zum Beisitzer desselben machte (1522), durchaus
entsprochen zu haben; zugleich wandelte er aber die gefährlichen Pfade
der großen Politik. Zur neuen Lehre hingezogen, entwickelte er in seiner
immerhin wichtigen Stellung seine ganze Thätigkeit für Sickingen und
seine Partei wie denn unter den Sickingenschen Papieren Briefe sich fan-
den, von Fuchssteiners eigner Hand geschrieben. Aber den Pfalzgrafen

---

1) Jörg, S. 173, nach der deutschen Uebersetzung der Annales de vita Friderici II. per Hubertum Thomam Leodium unter dem Titel: Spiegel des Humors großer Potentaten. Schleusingen 1628 (mir hat eine Leipziger
Ausgabe von 1634 vorgelegen). Ich folge im Text durchaus der theilweise auf archiva-
lischen Studien beruhenden Darstellung von Jörg, obschon mir eine Quelle zur Hand
ist, welche abweichende Nachrichten über Fuchssteiner giebt. Es ist dies ein Brief aus
der Sammlung von Briefen des Ulmer Arztes Wolfgang Rychard an Freunde und
von Freunden an ihn. Von dieser namentlich kulturhistorisch äußerst interessanten,
bis jetzt ungedruckten, wenn auch vielfach benutzten Sammlung befindet sich ein hand-
schriftliches Exemplar in Hamburg. Vol. CVI. epist. in Bibl. Uffenbach. und ich
konnte den folgenden Brief aus einer von Herrn Prof. Wagenmann entnommenen und
mir gütigst mitgetheilten Kopie einsehen.
Balthasar Hubmaier, mit welchem sich die folgenden Abschnitte ausführlich zu beschäftigen haben, schreibt an seinen Freund Wolfgang Rychard. Ratisponae Antonii
(17. Jan.) 1523 . . . . . „Novarum rerum nobis nihil est, quam quod nobilis
Joannes Fuchstainer, J. U. D. omnia sua stipendia resignavit principibus et cancellariatum duci Frederico palatino et mox deinde occupavit et
cepit arcem Glaubendorff, quae est Lantgravii de Leichtenberg; qua
adepta e vestigiis est ingressus Bohemiam subsidiariam opem a Bohemo-
rum rege et Bohemis impetravit. Franciscanis factionis de Sickin-
gen sese esse asseverat" . . . etc. Dieser Brief giebt einige Räthsel auf, die ich bis
jetzt nicht zu lösen vermag. Zunächst das Datum: Er ist vom 17. Januar 1523 und
scheint doch das sicher zu enthalten, daß Fuchssteiners Verhältniß zu Friedrich von der
Pfalz definitiv gelöst sei, dies also vor dem 17. Jan. Dagegen läßt Jörg, ich weiß
nicht, worauf gestützt, Fuchssteiner erst Fastnacht 1523 in den Thurm zu Amberg geworfen werden und, nach Leobius, erst um die Zeit des Falles v. Landstuhl (Anfang Mai)
wieder befreit, sich aus dem Staub und damit von jedem Verhältniß zu Friedrich frei
machen. Demnächst kann das occupavit et cepit arcem Glaubendorff verschiedenen
Sinn haben. Nahe liegt der Gedanke: Fuchssteiner habe ein Leuchtenbergisches Lehen
zu Glaubendorf erhalten. Wie sich dies mit den Nachrichten reimen würde, welche
Jörg S. 172 über Glaubendorf, als im Lebensbesitz einer andern Linie der Fuchssteiner,
giebt, vermag ich, da mir die Quellen fehlen, nicht anzugeben. Endlich scheint Hub-
maiers Brief, wenn auch dunkel, auf die Verbindung Sickingens mit Böhmen zu deuten und zwar so, als hätte Fuchssteiner hier das vermittelnde Element abgegeben, wie
er später auch für Herzog Ulrich in Böhmen wirkte.

für Sickingens Absichten zu gewinnen, mißlang dem Ränkevollen, und als er nun anfieng, seinem Herrn untreu zu werden und durch allerlei Intriguen in lästige Händel zu verwickeln, endete seine Nürnberger Periode mit seiner Abführung zur Haft, aus der er noch eben zur rechten Zeit loskam, um nicht für seine nun entdeckten Beziehungen zu Sickingen zu büßen. Er verschwindet eine Zeit lang aus der Geschichte, bis er als Diener eines neuen für ihn ganz gemachten Herrn wieder auftaucht: des Herzogs Ulrich von Würtemberg. Fortan führt ihn sein fieberhaftes Treiben für dessen Absichten zu den abenteuerlichsten Streifzügen, bei denen er immer eine höchst bedeutende Rolle spielt. Er erscheint mit Reitern im Nordgau an der Grenze zwischen Baiern, der oberen Pfalz und Böhmen, er scheint die Fäden von Ulrich zu den geächteten Sickingenschen Rittern geknüpft zu haben, er geht zum französischen König in's Lager von Pavia, um von ihm das Geld zu erbitten, mit dem die Schwarzwälder, Hegauer, Klettgauer und andere für ihre Dienste bezahlt werden sollen, er betreibt seine „Praktiken" in Böhmen, kurz, wo immer ein Bundesgenosse zu erhoffen war, treffen wir auf seine unheimliche Gestalt. Welche Stelle mußte ein solcher, in allen Händeln und Listen erfahrener Mann, in dem wilden Jahre 1525 unter den Bauern finden, das die tiefsten Schichten der Nation aufwühlte, ihre staatliche Verfassung umzustürzen Miene machte, ja selbst an der socialen Ordnung zu rütteln hie und da drohte, jedenfalls für eine Natur wie die seine ein ungeheures Feld der Thätigkeit bot!

Mitte Februar scheint er noch auf Hohentwiel in unmittelbarer Nähe des Herzogs geweilt zu haben.[1] Alsbald aber, während der Herzog seinen Zug zur Wiedergewinnung seines verlorenen Landes unternahm, eilte er dahin, wo es zu Gunsten seines Herrn die ausgebrochenen Flammen zu schüren galt, mitten unter die aufständige Bauerschaft. Mit dem Anfang 1525 war der Schwerpunkt der bäurischen Bewegung von Westen nach Osten gerückt, von der Wutach und dem Rhein an den Lech und die Donau. Drei große Haufen hatten sich gebildet, unter sich in Verbindung, wenn auch nicht von einer Hand geleitet: der Seehaufe aus den Bauern des Bischofs von Konstanz, der Reichsstadt Ueberlingen, des Grafen von Werdenberg zum Heiligenberg u. a. sein Sammelplatz war Bermatingen: der Baltringer aus den Bauern vom Ried oberhalb Ulm, den Unterthanen vieler Klöster und weltlicher Herrn bis Memmingen, kurz den Anwohnern der untern Iller, Baltringen war sein Mittelpunkt:

---

1) Heyd, II. 195. Jörg 177.

der Allgäuer aus den Kemptenern, den Hintersassen des Bischofs von Augsburg, den Bauern von Memmingen und Kaufbeuren u. a. Hier gab es mehrere Sammelpunkte: wie Luibas und Maithenau.

Es scheint so, als sei ursprünglich in Ulrichs Absichten gelegen gewesen, durch den Bregenzerwald auf die Grafschaft Rothenfels zu ziehen, sich mit den dort aufständischen Bauern zu verbinden und dann bei Füßen über den Lech in's Bairische einzufallen.[1] Dieser für Baiern und den Bund gefährliche Plan wurde nicht ausgeführt, indem sich ja Ulrich seinem Herzogthum zuwandte, aber man wird dennoch glauben dürfen, daß auch so noch der sehnliche Wunsch Ulrichs gewesen ist, den Baiernherzögen die größtmöglichen Ungelegenheiten zu bereiten, Baiern von den übrigen Gliedern des schwäbischen Bundes zu trennen und, als bestes Mittel hiezu die schon aufgestandenen Bauern an den Grenzen Baierns zu hetzen, ja den Aufruhr nach Baiern selbst hinzutragen.[2]

Ganz gemäß diesem Gedanken taucht Fuchssteiner zu Kaufbeuren auf, im Herzen des wachsenden Aufruhrs. In dieser Reichsstadt erscheint er, der um eine Maske so leicht nicht verlegen war, in der Rolle eines Predigers. Er ließ sich in der Kirche einen Predigtstuhl aufrichten, um das Wort Gottes deutsch zu lesen.[3] Ob er den Namen, „der Bauern Advokat" schon damals geführt hat, der hinlänglich deutlich zeigt, daß seine kirchliche Thätigkeit nicht seine einzige gewesen, steht dahin. Später belegt ihn Herzog Wilhelm von Baiern damit.[4] In jedem Fall muß er bei den Bauern in hohem Ansehen gestanden haben. Denn auch seinen Namen finden wir in jener „Handlung, Artikel und Instruktion" genannt[5], als zur Vermittlung mit dem Bund in Vorschlag gebracht, wie wir eben daselbst auch Schappelers Namen, von dem er damals örtlich gar nicht so weit getrennt war, bemerkt haben. — Auch aus dieser Gegend verschwindet Fuchssteiner plötzlich wieder, um seinem Herrn bei dessen erneuten Unterhandlungen mit den aufständischen Würtemberger Bauern dienlich zu sein[6], und auch hier wieder zeigt er seine Fähigkeit in einer durchschlagenden Rede, durch die er die Mehrzahl der Aufrührer

---

1. Bericht des Kundschafter Volker v. Freyberg, 24. Febr. bei Jörg 171.
2) Jörg 177. Zimmermann 274.
3) Bericht des bair. Hauptmann zu Schongau S. v. Pfeffenhausen, 9. März 1525. Jörg 178.
4. Schreiben v. 9. Mai an den Herzog Ludwig, Jörg 179.
5. Unter den von den Baldringern Genannten: „Item Doctor Fuchs Stainer". Jörg, 180, ließ nach dem bei Cornelius S. 22. Anm. 1 abgedruckten Zettel: In Kaufbeuren: Bürgermeister Blasius Honolt und Dr. Fuchssteiner."
6) Heyd 244.

4 *

für Ulrich gewinnt.¹⁾ Doch hierauf näher einzugehen, wie sein späteres bewegtes Leben zu schildern, das doch kläglich genug endete, ist hier nicht der Ort, zumal seine späteren Schicksale auf seine Theilnahme am Bauernkriege kein Licht fallen lassen. Es sei noch einmal wiederholt: er hat als Unterhändler zwischen Ulrich und den Bauern eine bedeutende Rolle gespielt, zumal während seines Aufenthaltes zu Kaufbeuren. Aber die Geschichtsforschung hat sich nicht begnügt, ihm nur den einigermaßen zweifelhaften Ruhm eines schlauen Agenten zuzuschreiben, ein moderner Historiker sucht ihn, gestützt auf in der That wichtige Nachrichten, für den lange gesuchten Verfasser der zwölf Artikel auszugeben. ²⁾ Das Zeugnis, auf das es hier ankommt, ist ein Brief der bairischen Hauptleute zu Schongau und Landsberg, Pfeffenhausen und Egloffsteiner an die Herzoge von Baiern. ³⁾ Sie übersenden den 22. März ihren Herren ein Exemplar — das steht fest — der berühmten zwölf Artikel (Nr. A'), nur dadurch ausgezeichnet, daß die Einleitung und die Bibelstellen fehlen und daß sich in dieser Kopie zahlreiche sinnstörende Verstöße finden, woraus man auf die Eile des Abschreibers schließen mag. Dies Exemplar stammt nach der Angabe der Hauptleute aus dem wenige Stunden von Kaufbeuren gelegenen Oberdorf und ihre darauf bezüglichen Worte lauten:

„Wir schicken auch E. F. G. hiemit der Bauern zu Oberdorf im Tigen Beschwerungsartikel zu, darauf sie ihren Grund stellen. Wir achten, Fuxsteiner zu Kaufbeuren sei fast aller Artikel Kanzler." In der That auf den ersten Blick eine frappante Nachricht; auch steht Jörg denn keinen Augenblick an, diese merkwürdigen Worte auszubeuten. Mit großem Geschick und vortrefflicher Gruppirung der Thatsachen sucht er alles hervor, was Fuchssteiners Autorschaft der zwölf Artikel bestärken kann: die klare und abgemessene Sprache der Artikel, die genaue Kenntnis der Rechtsverhältnisse der Landbevölkerung, die sie nach ihm voraussetzen, die ganze Persönlichkeit des federgewandten „Kanzlers", und er schließt mit den versichernden Worten: „Die Behauptung dürfte demnach gerechtfertigt erscheinen, daß alle äußern und innern Gründe für, keinerlei Bedenken gegen die Annahme jener bairischen Hauptleute sprechen: Dr. Fuchssteiner sei der Verfasser der „Zwölf Artikel". Ich glaube nicht, daß die Sache so ausgemacht ist. Man mag es eine bloße durch nichts gerechtfertigte und bei einer historischen Untersuchung streng

---
1) Heyd 253.
2) Vorsichtiger schließt sich ihm an Leo: T. Münzer Vortrag gehalten im Auftrag d. Evangel. Vereins in Berlin 1856. S. 18.
3) Jörg 182 ff.

abweisbare Gefühlsrichtung nennen, wenn ich bekenne, daß mir der Gedanke unbehaglich ist, dieses so überaus wichtige die ganze bäurische Bewegung bestimmende Altenstück, solle nicht aus der Mitte der Bedrückten heraus erwachsen, sondern von einem Manne verfaßt sein, der über der Bewegung stehe und sie zu seinen von ihren Wünschen so ganz verschiedenen politischen Zwecken nur benutzen wollte. Denn man wird doch nicht läugnen können, daß, was immer Fuchssteiner unter den Bauern wirkte, nicht aus Mitgefühl für ihre Leiden oder um eigene Lasten zu erleichtern, sondern, wie man seinen Charakter und seine Schicksale einmal kennt, lediglich im Interesse des Herrn, der ihn bezahlte, sei dies nun Ulrich oder Franz von Frankreich oder wer sonst [1], geschehen ist, und daß, wenn er zeitweise die Stelle eines Artikelverfassers spielte, auch dies mit seinen Intriguen in Zusammenhang gestanden haben wird. Dies aber zugegeben, wird man weiter fragen, wie konnte Fuchsstein darauf verfallen, gerade die zwölf Artikel aufzusetzen, Artikel, die anerkannt durch ihre Mäßigung sich auszeichnen, von denen er selbst sich sagen mußte, daß die in ihnen ausgesprochenen Forderungen vielleicht gewährt werden möchten. Dann wäre für ihn die Mühe, sie verfaßt zu haben, vergeblich gewesen, denn ihm galt es nicht zu beruhigen, sondern zu hetzen, den Aufruhr nicht zu dämpfen, sondern anzufachen. Etwas anders wäre es, wenn wir in ihm nicht den Verfasser, sondern nur den **Verbreiter** der zwölf Artikel finden dürften, wenn damit seine Thätigkeit das Glied in der Kette eines wohl überlegten Planes gewesen wäre, der darauf abzielte, in die Forderungen und den ganzen Aufstand der Bauern Einheit zu bringen. Dann würde, was seinen Intriguen für Ulrich durch die mäßige Sprache der Artikel verloren gieng, durch die Allgemeinheit ihrer Verbreitung wieder gewonnen sein, denn die gleiche Führung aller Bauern nach einem Ziel, die Möglichkeit, sie in Masse zum Aufruhr zu bringen, mußte für Ulrich vielleicht erwünschter sein, als die Ueberspannung der Forderungen einzelner Haufen und der dadurch hervorgerufene Kampf und Tumult. Ihm kam es nur darauf an seine Feinde zu beschäftigen, und dies konnte durch die bloße in Folge der zwölf Artikel hervorgerufene Aufregung aller Bauern besser geschehen als durch den wirklichen Angriff einer Bauerschaft. Auch würde sich damit erklären, wie Fuchssteiner dazu kam, den von den Hauptleuten übersandten Artikeln einen allgemeinen Titel [2] zu geben, mit Abstreifung des Lokalen; wie konnte er, ein Einzelner, wie groß sein An-

---

[1] Jörg 183.
[2] „Vermerkt hernach die Artikel, so die Bauerschaft und Hintersaß Geistlicher und Weltlicher für Beschwernuß haben, als hernach steht."

sehen bei den Bauern auch war, sonst hoffen, daß seine Artikel sich den allgemeinen Beifall erwerben würden?

Doch betrachten wir die Worte der Hauptleute etwas näher, ob sie denn, das einzige Zeugniß für Fuchssteiners Autorschaft, so unanfechtbar sind. „Wir achten — schreiben sie — Fuxsteiner zu Kaufbeuern sei fast aller Artikel Kanzler." Ich gestehe, daß die Hauptleute Fuchssteiners Aufenthalt nahe genug waren, um von seinem Treiben einigermaßen Kunde zu haben, auch will ich zugeben, daß „Kanzler" unserm Verfasser gleichkommt. Aber im Grunde genommen äußern sie eine reine Privatansicht, sie, denen durch ihre Kundschafter jeden Tag wechselnde Gerüchte zukommen mochten, mitten in den Wirren jener Tage. Sprächen dieselben Männer dasselbe aus mehrere Jahre nach dem Bauernkrieg, nachdem es ihnen möglich war, bloße Tagesgerüchte von dem zu trennen, was sich als unumstößlich in ihrem Gedächtniß befestigt hatte, so würde ich ihrer Aussage mehr Glauben schenken. Und dann, was bedeuten die Worte: „Fast aller Artikel Kanzler"? Sie lassen eine doppelte Erklärung zu. Entweder: dieser übersandten Artikel, welche von den Hauptleuten „der Bauern zu Oberdorf Beschwerungsartikel" genannt werden, aber nichts als die zwölf sind, und eines Theils andrer Artikel: Oder: eines Theils dieser übersandten zwölf. Nimmt man das Letztere an[1]), so bleibt, von allem Uebrigen abgesehen, auch nach der Ansicht der Hauptleute, Fuchssteiner der Verfasser nicht aller zwölf und man ist wieder genöthigt den der übrigen aufzusuchen. Jörg dagegen und nach ihm Zimmermann (I, 417. 274) folgen der ersten Interpretation.

Jörgs Worte sind (S. 183): „Egloffsteiner und Pfeffenhauser meinen: Fuchssteiner sei fast aller Artikel Kanzler", denn es liegen mehrere von ihnen aus jener Gegend übersendeten „Beschwerungsartikel" der Bauern vor, die aber alle lokalen Charakter an sich tragen[2]) (wie z. B. die Artikel der jenseits des Lechs gelegenen Grundunterthanen des Klosters Steingaden) mit Ausnahme der jetzt zugefertigten zwölf." Ohne die Richtigkeit dieser Interpretation zu prüfen — zu der ich mich aus andern

---

[1]) Ranke, Geschichte Deutschlands im Zeitalter der Ref. 4. Aufl. II. S. 135. Anm. 1 äußert sich darüber so: „Die neuerlich vorgekommene Behauptung, Dr. Fuchssteiner sei Verfasser der Artikel, beruht auf einem Briefe, der doch nur eine Vermuthung ausspricht, die sich nicht einmal auf das Ganze bezieht."

[2]) Zu diesen möglicherweise Fuchssteiner zuzuschreibenden können die 11 Artikel der Kaufbeurer Bauern, welche der Prälat von Schmid aus dem Kaufbeurer Archiv entnommen hat (bei Zimmermann, I, 293. 294) nicht gehören; denn sie sollen um Lichtmeß (2. Februar) aufgetaucht sein, einer Zeit, da Fuchssteiner sich noch nicht in Kaufbeuren aufhielt.

später anzugebenden Gründen auch bekennen will ¹). — werfe ich nur die Frage auf, wie sie sich mit der Annahme von Fuchssteiners Autorschaft der zwölf Artikel verträgt. Derselbe Mann soll so ziemlich zur selben Zeit Artikel verfaßt haben, die einen rein lokalen Charakter an sich tragen, und Artikel, die sich gerade durch die Freiheit jedes lokalen Kennzeichens, durch die Allgemeinheit ihres Titels auszeichnen: diese zwei Thätigkeiten heben sich geradezu auf, sie sind absolut unverträglich, denn er hätte sich selbst damit entgegengearbeitet. — Auch was Jörg sonst noch zur Unterstützung seiner Ansicht anführt, läßt sich zurückweisen. So fein sind die Rechtsverhältnisse nicht, um die sich ein Theil der zwölf Artikel dreht, daß nur ein Jurist sie hätte vorbringen und darstellen können, man müßte dann auch annehmen, daß die unzähligen lokalen Beschwerden, die von den zwölf Artikeln auftauchen, und in denen es sich um ganz dieselben Rechtsverhältnisse handelt, immer durch die Hände eines Juristen gegangen seien. Auch was von „dem ungeschlachten Gepolter jener neugläubigen Theologen" gesagt wird und was den Gedanken bestreiten soll, als könne ein Prädikant die ruhige Sprache der Artikel nicht geredet haben, geht doch nur auf einen sehr kleinen Bruchtheil der damaligen Kleriker. Männer wie Henglin und Schappeler hätten die Sprache der Artikel nicht zu verläugnen brauchen. Daß die Bibelstellen (die Jörg übrigens meiner S. 9. 10 geäußerten Ansicht zuwider wahrscheinlich von anderer Hand zugefügt sein läßt, als der des Autors) immerhin auch aus Fuchssteiners Feder geflossen sein konnten, soll nicht geläugnet werden. Doch findet überhaupt das religiöse, das evangelische Element, das so überraschend in den Artikeln hervortritt, wenn man Fuchssteiner zu ihrem Verfasser stempelt, wenig seine Rechnung.

Dennoch fühle ich, daß die Zurückweisung dieser Ansicht nicht jeden Zweifel beseitigt haben wird. Fuchssteiners Persönlichkeit, seine engen Beziehungen zu den Bauern, die Muthmaßung der Hauptleute, alles bringt ihn wenn nicht in den gesuchten, so doch in sehr nahen Zusammenhang mit den zwölf Artikeln und mehr vielleicht, als in irgend einem der vorigen Abschnitte wird man bei diesem hoffen, aus dem Ueberlieferten doch irgend ein positives Resultat, welches mit der Hauptfrage in engem Zusammenhang steht, einen historischen Kern herauszschälen zu dürfen.

Und damit ist dieser Theil, in dem die bisher aufgetauchten Ansichten über den Verfasser der zwölf Artikel zusammengestellt und kritisirt werden sollten, zu Ende gelangt. Er wird mit den Worten geschlossen werden

---

1) S. unten Abschnitt 17.

dürfen, die Bensen S. 65 gebraucht: „Weder die inquisitorischen Untersuchungen nach Beendigung des Bauernkrieges, noch die Forschungen der Gelehrten haben bis jetzt ein klares Resultat über deren Verfasser gegeben." In Wahrheit, ziehe ich die Summe des Gesagten, so wird, daß der gesuchte Verfasser in irgend einer der vorgeführten Persönlichkeiten gefunden worden sei, nicht behauptet werden können. Und doch, abgesehen von Heuglin und Weigand, die lediglich durch Misverständnis in diese Untersuchung gezogen sind, die anderen Drei, Schappeler, Münzer, Fuchssteiner drängen sich, trotz der Widerlegungsversuche, dennoch gleichsam wieder vor, und über ihrem Verhältnis zu den zwölf Artikeln schwebt ein Dunkel, das sich so ohne Weiteres nicht wegläugnen läßt, sondern das man aufzuhellen wünschen möchte. Ferner wird, um Späterem einen Augenblick vorzugreifen, nicht unbemerkt geblieben sein, daß sich die aufgeworfene Frage nicht auf ein und demselben Boden bewegt, sondern um verschiedene Lokalitäten gedreht hat.

Man wird einmal hingewiesen auf die südlichen Ränder des Schwarzwaldes, den Hegau und Klettgau, Waldshut und seine Umgebungen; darauf deuten die Nachrichten über Münzer und sein Treiben; dann aber auf die Gegend zwischen Iller, Donau und Lech, die Landschaft um Memmingen und Kaufbeuren; hier weilt Schappeler, treibt Fuchssteiner sein Wesen. Sollte es nicht gelingen, das Räthsel zu lösen, welches diese drei Männer mit den Artikeln in Verbindung setzt, den Widerspruch über die Oertlichkeit in Einklang zu bringen, so manche andere vielleicht schon bemerkte und noch zu behandelnde Verschiedenheit der Nachrichten auszugleichen und dies alles eben durch eine neue, richtige Annahme des Verfassers?

Ich glaube, daß es möglich ist, und wenn auch die Hoffnung allgemein zu überzeugen, vielleicht zu kühn ist, so soll der Versuch doch gewagt werden.

Bevor aber hierauf im Einzelnen eingegangen werden kann, muß in großen Umrissen die Lebensgeschichte eines Mannes gegeben werden, der für unbedeutend niemals gegolten hat, aber speciell in der inneren Geschichte des Bauernkrieges eine Rolle gespielt hat, die wie mich dünkt, bis jetzt noch nicht genügend gewürdigt worden ist.

Anhang.

Die verschiedenen Ausgaben der zwölf Artikel.

Dies Verzeichnis will auf Vollständigkeit keinen Anspruch machen, sondern nur die Mannichfaltigkeit und oft ziemlich große Abweichung der Ausgaben kurz darthun. Mit den Römischen Buchstaben sind die Ausgaben der Kürze wegen in der Abhandlung immer bezeichnet worden. Die vertikalen Striche deuten das Ende einer Zeile an. — Noch ist zu bemerken, daß nach dem Urtheile Emil Wellers (Repertor. typogr. Nördlingen 1864, Vorrede VIII. X.) den Angaben von Panzer nur bedingungsweise zu trauen ist.

1. A: Die gruntlichen und | Unbrechten haupt artidel, | aller Baurschafft, | und hynderseffen | der Geyst-lichen | O. berley ten, | von welchen sye sich | beschwert vermeynen · Meccc quadratum ly et duplicatum | B cum transibit, christiana secta peribit | Ein M vier c zwei l barbey. | und ein r das zwifach sey. | Bald man ein v bartzu ist (sic) schreyben | Werden nit sovil secten der christen bleyben. — Ein diplomatisch genauer Abdruck von dem im Oehringer Archiv befindl. Exemplar bei Oechsle, Beil. 2, S. 246 vgl. S. 77. Das Exemplar hat Marginalien Weller, Repert. typographicum No. 3280.
2. B: Die grüntlichen Und rechten Haupt Artidel aller Pawrschafft — hoch beschwert vermaynen. M.CCCC. quadratum, etc., wie A (lat. Schrift) var: barzu... werden... soviel... bleiben) 4°. Panzer, Annalen b. d. D. L. No. 2706.
3. C: Die grüntlichen Und ꝛc. wie A (lat. Schrift) (var: barzu... werden). 4°. 1 B. Strobel, Beiträge z. Liter. b. 16. Jahrh. II, 1. S. 72.
4. D: Die gründtlichen un | rechten haupt Artikel, aller Bauer|schafft und Hynderseffen der Geyst|lichen und Weltlichen oberkeyten, | von welchen sie sich beschwert ver|meynen. Auch die Handlung und | Instruction so furgenommen wor|ben seynn von allen Rotthen | und hauffen der Bauern | im XXV Jar. abgedruckt in Benfen, S. 514, Anm. 1 sagt er: „In dieser Originalausgabe der 12 A. in dem Format und Aeußeren der Rotenburger Drucke ist die Instruction ꝛc. angehängt." Hier fehlen die Marginalien, Weller 3288 var: haupt ... Artidel unnb Weltl ... handl ... Bauern ... 1½B.
5. E: Der ganze Titel genau wie in D b. Weller; in einer Einfaffung, darunter aber ein Bild, einen Bewaffneten mit Hellebarde darstellend; hier auch die Marginalien, 1½ B. 4°. in dem Sammelband der Heidelberger Universitäts-Bibliothek: Muncerus et Anabaptistae Schr. 302. No. 81.
6. F: Die Grundtlichen und rechtē | haubt Artidell, aller Ba w r schafft unnb Hynderseffenn der | Geistlichen unnb Weltlichen Oberkeyten, von welchen | sie sich beschwert vermeynen | Bawrschafft. Darunter ein Holzschnitt, Bewaffnete darstellend in

Landsknechtstracht, einer zu Roß mit einer Fahne, in der ein Kreuz befindlich. Rechts die Zeichen: /k/X+S fl. 4⁰. 1 Bogen. Bibl. Georg. Aug. hist. Germ. 131 mit Marginalien, am Schluß defekt.

7. (F¹): Seidemann, Biographie Th. Müntzers, S. 54, Anm. *** führt ein Exemplar auf, das mit F übereinzustimmen scheint, nur daß hier über der bildlichen Darstellung noch das Bild eines Opferlammes sichtbar sein soll.

8. G: Wie F. Nur var: geystlichen unnd weltlichen | O. v. w. s. zc. A C Bawrschafft. 4 Bl. 4⁰. In Augsburg. Weller No. 3282.

9. H: Wie F. var: Haubt. Nur ohne das Bild und das Monogramm. 4 Bl. 4⁰. m. 2 Titelholzsch. Im German. Museum. Weller No. 3281.

10. I: Die grundtlichen uñ rechten hawpt Artickel, aller Pawrschafft und hynderseßen der Geystlichen uñ Weltlichē Oberkeyten, von welchen sy sich gātz hart und hoch beschwert vermaynen. Anno M.D.XXV. 4. Panzer No. 2704. Strobel l. c. II, 1. S. 71. No. 1. var: Hawpt . . 1525. Nach Strobel in Nürnberg gedruckt.

11. K: Ganz wie I, nur Haupt statt hawpt. Strobel II, 1. S. 71, No. 2. Nach Strobel in Nürnberg gedruckt. 4⁰. 1½ B.

12. L: Dye Grünbtlichen Und rechten haupt Artickl aller Baurschafft und Hynderseßen der Gaistlichen und Weltlichen oberkaytē von wölchen sy sich beschwert vermainen (1525). 4⁰. Unter dem in einer Einfassung befindlichen Titel einige Bauern, theils sitzend, theils stehend. 1½ B. Panzer No. 2707.

13. M: Wie L. mit folgenden Abweichungen: Artickel... unnd... uñ. Das Bild scheint zu fehlen. Panzer 2708.

14. N: Die Grundtlichen uñ rechten haupt Artickel, aller Baurschafft und Hynderseßen der Geistlichen uñ weltlichen oberkayten, von welchen sy sich beschwert vermainen. am Ende: Gedruckt zu Regenspurgk durch Paulum Khol. 4 Bl. 4⁰. In Dresden, Bibl. Ebner. no. 13200. Weller 3285 verbessert so die Nr. 2709 bei Panzer.

15. O: Wie N, nur var: gruntlichen und | haubt... Baur |... der |... weltl. |... wel·|chen... besch·|wert vermay·|nen... Regenspurg. 4 Bl. 4⁰. in München. Weller 3286.

16. P: Die Grünbtlichen und rechten Haupt Artickel, aller Pawrschafft unnd Hynderseßen — — s. l. am Ende: Anno 1525 des Monabts Marcii. 4⁰. 1½ B. Strobel l. c. S. 70, No. 3.

17. Q: Dye Grundtlichen und rechten Haupt Artickel | Aller Baurschafft unnd Hynberseßen | der Gaistlichen und Weltlichen oberkayten, | von wölchen sy sich beschwert vermainen. — — s. l. 4⁰. 1½ B. Strobel, S. 71, No. 4 abgedruckt ebendaselbst S. 7 ff. mit Marginalien.

18. R: Die Grunblichen und rechtē haubt | Artickel, aller Bawrschafft und Hynderseßen der | Geistlichen und Weltlichen Oberkeyten... 4 Bl. 4⁰. m. Titelholzsch. in Berlin. Weller No. 3277.

19. S: Die gruntlichē und | rechten haubt Arti·|ckel, aller Baur· |schafft und hin |derseßen der | gaystlichen | unnd welt|lichen | ob· erkay|ten, von wel|chen sy sich be|schwert | vermaynen. 6 Bl. 4⁰. m. Titeleinf. In Zürich u. Frauenfeld Weller No. 3278.

20. T: Die gruntlichen und rechten | haubt Artickel, aller Baur|schafft, und hinderseßen | der gaistlichen uñ welt|lichen oberkayten, | von welchen sy |sich beschwärt vermaynen. 6 Bl. 4⁰. mit Titeleinf. In Basel und Frauenfeld, E. Weller No. 3279.

21. U: Die Grundtlich|en und haupt | Artickel: aller Baurschafft | unnd Hynderfässen: der | Gaystlichen und welt|lichen Oberkayten: võ | wölchen sie sich beschwert ver,maynen. 6 Bl. 4⁰. mit Titeleinf. im Besitz Prof. Haßlers in Ulm. Weller No. 3283.

22. V: Die grundtlichen und rechten | haupt Artickel, aller Baurschafft unnd | hynderseßen der Geystlichen unnd | Weltlichen öberkeyten, vonn | welchen sie sich beschwert | vermaynen. 6 Bl. 4⁰. mit Titelholzsch. (2 disputirende Bauern.) In München. Weller No. 3284.

23. W: Die grundtlichen und rech,ten haupt Artickel aller | baurschafft und hinderseßen | der Geistlichen und Welt-lichen oberkeyten vonn | welchen sye sich be | schwert vermei- nen, (nach Wellers Vermuthung, Nürnberg J. Gutknecht 1525) 4 Bl. 4⁰. in München. Weller No. 3287.

24. X: Beschwerung und fru|ntlich begeren mit | angehefftem Christlichem | erbieten der gantzen | Bawerschafft, Soitzund | versamlt yn zwelff | haubt Artickel auff's | kurtzist gefuget. fl. 4°. in der Bibl. Georg. Aug. hist. eccl. eccl. 104 n. ein schlechter Nachdruck mit Marginalien.

25. Y: Titel wie X (nur var: freuntlich. . versamlet) 5 Zeilen lang in einer Einfassung, darunter ein Holzschnitt, einen Bauern mit dem Schwert an b. Seite darstellend; genau nach b. Original abgedruckt in: Materialien z. Geschichte des Bauernkrieges ꝛc., erste Lieferung. Chemnitz, Hofmann 1791, S. 13. Sartorius, Gesch. d. Bauernkr. legt eben dies Exemplar z. Grunde. D. Exemplar hat keine Marginalien. 1½ B. 4⁰. Weller No. 3276. var: Zwelff.

26. Z: Titel und Bild wie Y, doch mit Marginalien, Bibl. Georg. Aug. hist. eccl. eccl. 198.

27. A': Vermerkt hernach die Artikel, so die Bauerschaft und Hintersaß Geistlicher und Weltlicher für Beschwernuß haben als hernach steht. Angeführt von Jörg S. 182 als Manustript; im allg. Bair. Reichs Archiv: („Bauernkrieg schwabhalb") z. München. Die Bibelstellen und die Einleitung fehlen.

28. B': Artickel so yetzund vorgewendt | von der gemeynen | bauwerschafft die | sich allenthalben | zusammengerottet | vonn wegen der war | heit beystand zu | thun, mit sampt | verantwort und gut | lichem bescheydt | genanter bauer|schafft | 1525 | darunter 2 Bauern mit Schwertern im Gespräch, darunter: 1 Petri 4 | Die zeyt ist hie, das | anfahet das gericht | von dem hauß gottes. Aus dem Kolmarer Archiv von Herrn Professor Cunitz entnommene Copie. Mit Marginalien.

29. C': Wie B', nur var: . . . „von b. g. h. b. f. allen-|th. z. rottet v. w. der | warheit b. z. t. mitsampt | v. unnb z. bescheydt g. bauwer | f. . . . Die z. i. h. das anfahe b. gericht | . . 4 Bl. 4⁰. Weller No. 3289. Nach ihm war dies Exemplar im Besitz H. Schreibers z. Freiburg i. B.

30. C"': Das Exemplar, welches Spalatin im Leben des Churfürsten Johann d. Beständigen mittheilt, s. B. C. Struve, Neu cröffn. Histor. Polit. Archiv. Jena 1719. T. 3. S. 141—155 ohne Titel, Marginalien und Einleitung.

31. D': Das Exemplar, welches Bullinger, Reformat.-Geschichte I. S. 241 mittheilt ohne Titel, Marginalien und Einleitung.